ALFA | VERITAS | 2

TANRISAL ÖNGÖRÜ

LUCIUS ANNAEUS SENECA

İÖ 4 yılında İspanya'nın Corduba kentinde dünyaya gelir. Dönemin ünlü hocalarından felsefe ve hitabet konusunda dersler alır. Ardından siyasete atılır ve mahkemelerde avukatlığa başlar. Çalkantılar içinde geçen siyasi yaşamı İS 41 yılında Korsika'ya sürgüne yollanmasıyla sekteye uğrar. Felsefi eserler kaleme alarak, şiirler yazarak geçirdiği sürgünden ancak Agrippina sayesinde kurtulur ve Roma'ya geri dönerek geleceğin imparatoru Nero'nun eğitimini üstlenir. Ancak İS 65 yılında Nero'ya karşı düzenlenen bir komploya adı karışınca imparatorun emri üzerine damarlarını keserek intihar eder. Ardında bıraktığı sayısız eser ve yaşamı boyunca Stoa felsefesinin ilkelerinden ödün vermeyen tavrıyla Roma Stoasının en önemli temsilcilerinden biri olur.

PROF. DR. ÇİĞDEM DÜRÜŞKEN

İstanbul Üniversitesi, Edebiyat Fakültesi, Eskiçağ Dilleri ve Kültürleri Bölümü, Latin Dili ve Edebiyatı Anabilim Dalı'nda öğretim üyesidir. 1987 yılında "Seneca'nın *De Providentia*'sında Tanrı ve İnsan" başlıklı teziyle yüksek lisansını, 1990 yılında ise "Quintilianus'ta Çocuk ve Yetişkin Eğitimi ve Günümüzle Bağlantıları" başlıklı teziyle doktorasını tamamlamıştır. Aldığı bursla Perugia, Universita Italiana Per Stranieri'de İtalyanca eğitimi almıştır; 1990 yılında aynı üniversitede Latina Lingua e Cultura seminerlerine katılmıştır. Antikçağ eserlerinin özgün dillerinden çevrilerek iki dilli edisyonlar şeklinde yayımlanması amacını güden *Humanitas* dizisinin editörlüğünü yapmıştır. Seneca, Cicero, Boethius, Augustinus, Thomas Morus, Erasmus gibi önemli düşünür ve edebiyatçıların eserlerini özgün dillerinde çevirerek dilimize kazandırmıştır. *Rhetorica* ve *Roma'nın Gizem Dinleri* adlı kitapları başta olmak üzere antikçağ ve ortaçağ kültürü ve felsefesi konularında gerek ulusal gerekse uluslararası nitelikte çok sayıda kitap, çeviri ve makaleye imza atmıştır.

De Providentia: Tanrısal Öngörü
© 2014, ALFA Basım Yayım Dağıtım San. ve Tic. Ltd. Şti.

Kitabın Türkçe yayın hakları Alfa Basım Yayım Dağıtım Ltd. Şti.'ne aittir. Tanıtım amacıyla, kaynak göstermek şartıyla yapılacak kısa alıntılar dışında, yayıncının yazılı izni olmaksızın hiçbir elektronik veya mekanik araçla çoğaltılamaz. Eser sahiplerinin manevi ve mali hakları saklıdır.

Yayıncı ve Genel Yayın Yönetmeni M. Faruk Bayrak
Genel Müdür Vedat Bayrak
Yayın Yönetmeni Mustafa Küpüşoğlu
Dizi Editörü Çiğdem Dürüşken
Kitap Editörü Eyüp Çoraklı
Kapak Tasarımı Begüm Çiçekçi
Sayfa Tasarımı Kamuran Ok

ISBN 978-605-106-973-9
1. Basım: Aralık 2014

Baskı ve Cilt
Melisa Matbaacılık
Çiftehavuzlar Yolu Acar Sanayi Sitesi No: 8 Bayrampaşa-İstanbul
Tel: 0(212) 674 97 23 Faks: 0(212) 674 97 29
Sertifika no: 12088

Alfa Basım Yayım Dağıtım San. ve Tic. Ltd. Şti.
Alemdar Mahallesi Ticarethane Sokak No: 15 34410 Fatih-İstanbul
Tel: 0(212) 511 53 03 (pbx) Faks: 0(212) 519 33 00
www.alfakitap.com - info@alfakitap.com
Sertifika No: 10905

VERITAS
Yunan ve Latin Klasikleri

SENECA

DE PROVIDENTIA
Tanrısal Öngörü

Latinceden Çeviren
Çiğdem Dürüşken

ALFA®

İÇİNDEKİLER

YENİ BASKIYA ÖNSÖZ 7
SENECA VE *DE PROVIDENTIA*
ÜZERİNE KISA NOTLAR 9
    Seneca'nın Yaşamı ve Yapıtları 9
    Felsefi Düşünceleri Üzerine 16
    De Providentia'nın Kimliği 25

DE PROVIDENTIA *30*
TANRISAL ÖNGÖRÜ *31*

NOTLAR 87
KAYNAKÇA 97
DİZİN 99

Annem'e...

YENİ BASKIYA ÖNSÖZ

Stoa felsefesinin *fortuna* (talih), *fatum* (kader) ve *providentia* (tanrısal öngörü) kavramları üzerine antikçağdan elimize geçen en önemli metinlerden birisi olan Seneca'nın *De Providentia*'sı ilk kez yayımlandığı 1997 yılından itibaren edebiyat ve felsefesever dostların olumlu eleştirileriyle karşılanmış, felsefe ve ilahiyat alanında akademik çalışmalarını sürdüren araştırmacıların başvuru kaynağı olmuş, üniversitelerin ilgili bölümlerinde ders kitabı olarak okutulmuştur. Bu duyumlar bizi eserin yeni baskısını hazırlamaya yöneltmiştir.

Türk okuyucusunun Cicero'dan sonra en iyi tanıdığı Romalı yazarlardan Seneca'nın *De Providentia*'sı hitabet sanatının incelikleriyle örülü yazım tekniğiyle her şeyden önce klasik bir edebiyat metnidir. Bunun yanında içeriğinin Stoacı ahlak ilkeleriyle döşeli oluşu, tanrı ve insan ilişkilerinin ayrıntılı olarak sorgulanması, *iyi* ve *kötü* değerlerinin açık ve seçik ifadelerle aydınlatılması, *yaşam* ve *ölüm* kavramlarına yaklaşımı açısından değerlendirildiğinde, Roma'dan günümüze kalan örnek bir ahlak felsefesi metni özelliği kazanır. İnsan zihni evreni, tanrıyı, insanı, iyiliği, kötülüğü, doğayı, kaderi, talihi, talihsizliği, sabretmeyi, yaşamı, ölümü sorguladıkça, satırlarında edebiyatla felsefeyi buluşturan *De Providentia* samimi diliyle ona sonsuza değin ışık tutacaktır.

Metnin çevirisinde ve açıklayıcı notlarında yaptığımız kimi değişiklerle sunduğumuz *De Providentia*'nın bu yeni baskısında, Latince kaynak metin olarak J. W. Basore (tr.) (1963). *Seneca. Moral Essays, vol. 1: De Providentia. De Consantia. De Ira. De Clementia*, Loeb Classical Library, Cambridge: Harvard University Press künyeli edisyon temel alınmıştır.

Son olarak bu eserin yeni baskısının yayıma hazırlanmasında yardımlarını esirgemeyen başta meslektaşım Sn. Eyüp Çoraklı olmak üzere Yayın Yönemeni Sn. Mustafa Küpüşoğlu'na ve onun şahsında Alfa Yayınevi'nin değerli çalışanlarına ve kültür dostlarına sonsuz teşekkürlerimi sunuyorum.

Çiğdem Dürüşken
Kasım, 2014

SENECA VE *DE PROVIDENTIA* ÜZERİNE KISA NOTLAR[1]

Seneca'nın Yaşamı ve Yapıtları

İspanya'nın kültür merkezi Corduba'da (bugünkü Cordova ya da Kurtuba) doğan Lucius Annaeus Seneca (İÖ 4-İS 65), küçük yaşta teyzesi tarafından Roma'ya getirilmiş ve Mısır valisinin eşi olan bu kudretli kadının terbiyesinde büyümüştür. Babası atlı sınıfına (*equites*) üyedir ve derlediği söylevlerle Latin edebiyatında "Rhetor Seneca" olarak tanınan önemli bir kişidir. Seneca, ailesinin varlıklı olmasından dolayı dönemin ünlü felsefecilerinden ve söylev ustalarından (*rhetor*) eğitim almış ve bilgelik sevgisi yüzünden genç yaşta *rhetorica*dan (söylev sanatı bilgisi) sıyrılıp felsefe eğitimine ağırlık vermiştir. Pythagorasçı Sotion'dan dersler alarak onun gibi etyemez olmuş ve ruhun ölümsüzlüğüne inan-

---

[1] Bu metin, 1987 yılında İ.Ü. Edebiyat Fakültesi nezdinde kabul edilen "Seneca'nın *De Providentia*'sında Tanrı ve İnsan" başlıklı Yüksek Lisans tezimin özetlenmiş ve yer yer geliştirilmiş biçimidir.

mıştır. Daha sonra Attalus'a bağlanıp güzel kokulardan, şaraptan, istiridye ve mantar yemekten ve yumuşak bir yatakta uyumaktan vazgeçmiştir. Kinik Demetrius'u ve Papirius Fabianus'u da hararetle dinleyen Seneca'nın felsefeye olan aşırı düşkünlüğü babasını telaşlandırmıştı, çünkü İmparator Tiberius[1] gençliği saran bu felsefe akımlarına hiç sıcak bakmıyor, garip kılıklı ve tavırlı bu kişileri Roma'dan uzaklaştırıyordu. Ayrıca Seneca'nın yaptığı perhizlerden dolayı zaten zayıf olan bünyesi daha da bozulmuştu, sağlığı iyice kötüye gidiyordu. Babası sağlığını düzeltmek ve felsefeden uzaklaştırmak için onu ilk önce Pompei'e, sonra Mısır'a gönderdi. Roma'ya İS 31 yılında dönen Seneca kendini siyasete verdi ve mahkemede avukatlığa başladı. Fabianus'tan öğrendiği keskin tezatlar ve çelişkiler içeren, imalarla dolu kısa cümleli ifadeler kullanmada oldukça başarılıydı. Kıskanç İmparator Caligula'nın[2] deyimiyle "kum taneleri" gibi akıp giden üslubu Seneca'nın ölüm nedeniydi. Böyle başarılı bir konuşmacının kendi Roma'sında yeri yoktu. Ancak saraydaki bazı kişiler Seneca'nın hasta bir insan olduğunu ve

---

1 Tiberius Iulius Caesar (İÖ 42-İS 37): İS 4-14 yılları arasında Roma imparatoru.
2 Gaius Caesar Augustus Germanicus (İS 12-41): İS 37-41 yılları arasında Roma imparatoru (Suetonius, *Caligula*, 22, 50).

çok az bir ömrü kaldığını söyleyerek İmparatoru güç bela ikna ettiler ve ünlü düşünürün yaşamını bağışlattılar. Seneca, Caligula'nın ölümünden sonra başa geçen Claudius[1] zamanında saray yaşamına ve dolayısıyla birtakım dedikodulara karıştı. Claudius'un kardeşi Germanicus'un kızı Iulia Livilla, ağabeyini öldürmek isteyenlerle birlikte olduğu için, Claudius'un imparatorluğundan önce, İS 37 yılında sürgüne yollanmıştı. Amcası başa geçtiğinde onu sürgünden geri çağırdı, ama İmparatoriçe Messalina'nın öfkesine hedef oldu. Messalina, Livilla ile Seneca arasında bir ilişki olduğuna ilişkin dedikodular yayınca Seneca İS 41 yılında Korsika'ya sürgüne yollandı, Livilla ise öldürüldü.

Seneca sürgündeki yaşamını felsefi yapıtlar kaleme alarak, bilimle ve şiirle uğraşarak geçirdi. İlk yıllar kolay geçti, ama sonraki yıllarda Roma'ya dönme arzusu yüreğini iyice kaplayınca, Claudius'un azatlısı Polybius'a kardeşinin ölümünden dolayı yazdığı *Ad Polybium De Consolatione* (Polybius'a Teselli) adlı teselli yazısında, Roma'ya dönmek için hem ona hem de İmparatora adeta yalvarmıştır. Yeis içinde bir ruh haliyle annesine yazdığı *Ad Helviam Matrem De Consolatio-*

---

[1] Tiberius Claudius Caesar Augustus Germanicus (İÖ 10-İS 54): İS 41-54 yıllarında Roma imparatoru.

ne (Annem Helvia'ya Teselli) başlıklı yazısında ise annesinden çok kendini teselli ediyor gibidir. Bütün bu yakarılarına karşın Seneca Roma'ya ancak Messalina'nın ölümünden sonra yerine geçen, Livilla'nın kardeşi Agrippina zamanında dönebilmiştir. Genç prens Nero'nun[1] annesi olan Agrippina, tanınmış bir edebiyatçının oğlunun eğitiminde önemli bir rol oynayacağını düşündüğü için Seneca'yı sürgünden çağırtmıştır. Nero'nun tüm eğitimini üstlenen Seneca ona çağının önemli kültür konularıyla ilgili dersler vermiş, ancak Agrippina'nın felsefeye pek sıcak bakmaması nedeniyle bu konulardaki derslerine bazı kısıtlamalar getirmek zorunda kalmıştır. İS 54 yılında Claudius öldüğünde Nero on altı yaşında imparator ilan edilince, Seneca muhafız kıtası komutanı Afranius Burrus'la birlikte idarede söz sahibi olmuştur. Nero sayesinde geniş bir çevre edinen ve nüfuz sahibi olan Seneca oldukça büyük bir servetin de sahibi olmuştur. Ama filozoflara yakışmayacak biçimdeki yaşayış tarzı ile savunduğu düşünceler uyuşmadığı için, hakkında dedikodular çıkmasına engel olamamıştır. Bu arada Nero tümüyle anormal davranışlar içine girmiş ve annesi Agrippina'yı öldürtmüştür. Burrus'un

---

[1] Nero Claudius Caesar Augustus Germanicus (İS 37-İS 68): İS 54-68 yılları arasında Roma imparatoru (Suetonius, *Nero*, 51).

da zehirlenerek öldürülmesi Seneca'yı saray yönetiminde tek başına bırakmıştır. Bunun üzerine tüm servetini İmparatora bırakarak özel yaşama çekilmeye karar veren Seneca bu düşüncesini Nero'ya açmış, ama reddedilmiştir. İS 64'te meydana gelen büyük Roma yangınından[1] sonra bu önerisini yinelediği halde ikinci kez İmparatorun olumsuz yanıtıyla karşılaşmıştır. Ancak Seneca bu kez kararlıdır ve Nero'dan aldıklarının bir kısmını geri vererek siyasetten ayrılır. İS 61-65 yılları Seneca'nın kendini tümüyle felsefeye verdiği en verimli dönemi olmuştur. Ancak İS 65 yılında Nero'ya karşı düzenlenen bir suikast girişimine[2] adı karışınca İmparator kendini öldürmesini emreder. Bütün yaşamı boyunca ölümün hiçe sayılması gerektiğini savunmuş olan Seneca bu emri metanetle karşılar ve İS 65 yılında damarlarını keserek intihar eder.

Felsefe dışında tarih, edebiyat, coğrafya, fizik gibi çok çeşitli alanlarda da yapıtlar veren ve bu yapıtlarıyla çağdaşlarını ve sonraki ku-

---

1 Bu yangında kent merkezinin büyük bölümü, imparatorluk sarayının bir kısmını da içine alacak şekilde yanıp kül olmuştur.
2 Gaius Calpurnius Piso ve *senator*lardan oluşan bir grup, Nero'yu İS 65 yılının 12-19 Nisanında düzenlenen spor şenlikleri sırasında öldürmek istemiştir. Başarısızlıkla sonuçlanan bu plan sonrasında 19 kişi yaşamını yitirmiş, 13 kişi de sürgün edilmiştir.

şakları derinden etkileyen Seneca'dan elimize geçen kitaplar çoğunlukla ahlak konulu olanlardır. Diğerleri ya kaybolmuş ya da bazı değişikliklere uğrayarak günümüze ulaşmıştır. Yazar, kitaplarında sözcük bakımından hayli zengin, kısa cümleli, açık ve canlı bir üslup kullanmaktadır. Bunlar şiir ve düzyazı yapıtlar olarak ikiye ayrılıp incelenebilir.

Şiir alanındaki yapıtların en önemlisi, ancak üç tanesinin kesin olarak Seneca'ya ait olduğu saptanan 70 kadar epigramdır. Bunları, oynanmaktan öte okunmak için yazılan tragedyalar izler. Bu yapıtlarda, Seneca'nın Nero'ya öğretmenlik ettiği devirlerde, devletin nasıl yönetilmesi gerektiğine ilişkin öğütler içerilmektedir. Sekizi Yunan, biri Roma konulu dokuz tragedyanın adları şöyledir: *Hercules Furens* (Çıldıran Hercules), *Medea*, *Troiades* (Troialı Kadınlar), *Phaedra*, *Agamemnon*, *Oedipus*, *Hercules Oetaeus* (Hercules Oeta'da), *Phoenissae* (Fenikeli Kadınlar), *Thyestes*. Ayrıca Seneca'nın yapıtı olup olmadığı tartışılan, ama yine de onun tragedyaları arasında geçen Roma konulu *Octavia*.

Diyalog tarzında yazılmış düzyazı alanındaki yapıtların konuları felsefi niteliktedir ve yazarın felsefe öğretisini açık bir biçimde yansıtır. *Dialogi* adı altında bilinenler şunlardır:

Teselli niteliğindeki ilk üç yapıt: *Ad Marciam De Consolatione* (Marcia'ya Teselli), *Ad Helviam Matrem De Consolatione* (Annem Helvia'ya Teselli), *Ad Polybium De Consolatione* (Polybius'a Teselli).

Ahlak öğretisi içeren yedi yapıt: *De Providentia* (Tanrısal Öngörü), *De Constantia Sapientis* (Bilgenin Sarsılmazlığı), *De Ira* (Öfke), *De Vita Beata* (Mutlu Yaşam), *De Otio* (Boş Zaman), *De Tranquillitate Animi* (Ruh Dinginliği), *De Brevitate Vitae* (Yaşamın Kısalığı).

Dialogi dışındaki yapıtları: *De Clementia* (Hoşgörü), *De Beneficiis* (İyilikler), *Naturales Quaestiones* (Doğa Sorunları).

Ahlaki mektuplarını içeren ve Nero tarafından Sicilya'ya vali olarak atanan Lucius'a yazdığı *Epistulae Ad Lucilium* (Lucilius'a Mektuplar) ya da *Epistulae Morales* (Ahlak Mektupları). 124 mektuptan oluşan bu yapıtında Roma Stoacılığının anahatlarını görmek mümkündür.

Bunlardan başka Claudius'un ölümünden sonra yarı şiir yarı düzyazı olarak kaleme alınan ve kendisini sürgüne göndermesinden dolayı İmparatora beslediği nefret ve kini dile getiren *Divi Claudii Apocolocyntosis* (İmparator Claudius'un Kabaklaşması).

Felsefi Düşünceleri Üzerine

Çağında, Roma düşünce dünyasında etkin olan Stoacılık akımına bir din gibi inanan Seneca'nın felsefe öğretisi Stoacı Attalus ve Pythagorasçı Sotion'un görüşlerinin etkisi altındadır. Seneca felsefe öğretisini "doğaya uygun yaşamak" (*secundum naturam vivere*) ve "en yüce iyiye (*summum bonum*) ulaşmak" ilkeleriyle temellendirir ve bu ilkelerin ancak bilge bir insan tarafından gerçekleştirilebileceğini belirtir. "Bilge insanın yaşamın dümeninde oturduğunu" söyleyen Seneca, "hiç kimse bilgeliği öğrenmedikçe mutlu bir yaşam süremez" (*nemo potest beate vita sine sapientiae studio*) diyerek bilgeliğin yaşam için önemini vurgular. Ona göre bilgelik, kişiye yaşamın zor koşullarına katlanmayı, çalışma ve gayret göstermeyle ruh halini doğa yasalarına göre dengelemeyi, kısaca yaşamı çekilir hale getirmeyi öğretir.[1] Bilgelik ancak felsefe aracılığıyla öğrenilebilir. Felsefeye gönül veren insanın ruhu kapalı kaldığı bedeninden kurtulur ve dış dünyaya açılarak en yüce iyiye yönelir. "(...) felsefe sana tanrının ardından gitmeyi ve felakete katlanmayı öğretecek"[2] diyen Seneca için, bu kadar önemli bir bilgi dalıyla çağının Roma'sında sadece birkaç kişinin tam anlamıyla uğraştığına

---

1 Seneca, *Epistulae*, 16.
2 Seneca, *Epistulae*, 16.5-6.

tanık olmak üzücü bir olaydır. Seneca'ya göre felsefenin tanımı şöyledir: "Felsefe halka özgü bir sanat değildir, gösteriş için tasarlanmamıştır; sözlerde değil, işlerdedir. Günleri biraz hoş geçirmek, boş vakti sıkıntılardan kurtarmak için değildir. Ruha biçim verir ve onu düzenler, yaşama hükmeder, davranışları yönetir, yapılması ve yapılmaması gerekenleri gösterir, dümende oturur ve şüpheler arasında dalgalanan kişilerin yönünü belirler."[1]

Seneca'nın bütün yapıtlarında sık sık söz ettiği "fakir bir yaşam sürmek," idealindeki insanı yaratmada başvurduğu yollardan biridir. İnsan aklını ve ruhunu kullanarak gönüllü fakirliği (*voluntaria paupertas*) seçmeli, servet, şan, şöhret, mevki gibi geçici tutkulardan arınıp tek kalıcı olanı, erdemi bulmalıdır. Erdem sahibi kişi bütün zenginlerden daha zengindir. İnsan erdeme ulaştığında doğal olarak mutlu bir yaşama da ulaşabilir. Bu yüzden insan ruhunu felsefe aracılığıyla erdemi, başka deyişle iyiyi istemek üzere eğitmek gerekir: "Kötü bir insan her şeyi kötüye çevirir, hatta en iyi görünümde ortaya çıkanları bile; ama dürüst ve namuslu bir insan talihin aksiliklerini düzeltir ve katlanmayı bildiğinden onun sertliğini ve zorluğunu hafifletir, iyiliği şükranla ve alçakgönüllülükle, felaketleri meta-

---

1 Seneca, *Epistulae*, 16.3-4.

net ve cesaretle karşılar."¹ Seneca'ya göre "aklın verdiği iyilikler gerçektir, sağlam ve süreklidir, düşmez, yok olmaz, hatta azalmaz bile."² Bu yüzden ilahi bir kıvılcıma sahip olan aklı, yaşamın en küçük ayrıntısında dahi doğruyu yanlıştan ayırt edecek tek ölçüt olarak almak gerekir. İnsan aklını ölçülü biçimde kullandığı takdirde, tehlikede olduğu anda bile mutlaka bir çıkış yolu bulabilir. Başlarına gelen herhangi bir olay karşısında ne yapacağını şaşıran insanlar doğruyu seçmekten yoksun, zavallı insanlardır. Aklın işlediği yerde tutku barınmaz, ama insan bir kez boş bulunursa tutkular ruha sızmada hiç vakit kaybetmezler. "Tutkuların varlığı bizim gücümüz dışındaysa, yayılmaları da gücümüz dışındadır. Başlamalarına bir kez izin verirsen kendi kendilerine büyüyeceklerdir"³ diyen Seneca, aklın yolundan ayrılmadıkça ruhun tutkuların esiri olamayacağını da sözlerine ekler.

Seneca gözünü hırs bürümüş kişilerin bile doğru bir yaklaşımla ve bilgece uygulanacak bir eğitimle düzelebileceklerine inanır: "Yolu bilmediği için tarlalar arasında avare dolaşan insanı kovmaktansa, ona doğru yolu göstermek daha iyi bir davranıştır"⁴ diyen Seneca,

---

1 Seneca, *Epistulae*, 98.3-4.
2 Seneca, *Epistulae*, 74.16-17.
3 Seneca, *Epistulae*, 85.12-13.
4 Seneca, *De Ira*, 1.14.

dostluğa önem verdiğini de böylece belirtmiş olur. Çünkü ona göre dostluk, insanın yüreğinden kıskançlık, çıkar gibi yıkıcı duyguları söküp atar ve ruhuna başkalarına yararlı olma, paylaşım gibi duyguları aşılar. Bütün yollar denendikten sonra iyileşmesi olanaksız olan zihinlerden uzak kalınmasını öğütleyen Seneca, insanları diğer Stoacılar gibi halk ve bilgeler olmak üzere ikiye ayırır. Halk (*vulgus*) sözcüğünü yalnızca aşağı tabakayı ima etmek için değil, servet sahibi olduğu halde akılsız kişiler için de kullanır ve düşüncelerini şöyle belirtir: "*Chlamys*[1] giyenler kadar başına çelenk takanlara da halk diyorum, çünkü bedenlerini örttükleri giysilerin rengine bakmam. Bir insan hakkında yargıda bulunurken gözlerime inanmam; doğruları yanlışlardan ayıracak daha iyi ve daha keskin bir ışığım var. Ruhun iyisini ruh bulabilir."[2]

Seneca'nın ele aldığımız yapıtının içeriğini daha iyi kavramamızı sağlayacak tanrı, alınyazısı, talih, ölüm ve intihar konularındaki görüşlerine gelince, Stoa felsefesinin bu alandaki genel öğretileriyle uyum içinde olduğu anlaşılan bu görüşler onun felsefesinin odak noktasını oluşturur. Tanrının varlığını, insanın içindeki tanrıya olan inanca dayana-

---

[1] Sağ omza bir iğneyle tutturulan, sarı ve eflatun renkli manto.
[2] Seneca, *De Vita Beata*, 2.2.

rak[1] kanıtlayan Seneca'ya göre tanrı evrenden, doğadan ve üyesi bulunduğumuz bu büyük bütünden başka bir şey değildir. İnsan yeryüzünde ne yana baksa mutlaka tanrıyı hatırlatan mucizevi bir şey görür ve hisseder. Evrenin meydana gelişinde rastlantıyı reddeden Seneca, bu kadar mükemmel bir düzenin mutlaka bir koruyucusu olduğunu vurgular. "Bütün evren (*universa*) maddeden (*ex materia*) ve tanrıdan (*ex deo*) ibarettir. Tanrı evreni bir sınır içine alır, bu sınır içinde kalanlar da tanrıyı bir yönetici (*rector*) ve önder (*dux*) olarak izler. Yaratıcı olan, yani tanrı, tanrıyı taşıyan maddeden daha hükümran ve daha değerlidir"[2] şeklinde görüşlerini belirten düşünür, tanrıdan ilahi bir kıvılcım alan insanoğlunun ancak tanrının öngördüğü tarzda bir yaşam biçimi süreceğini, bu yaşantı sırasında onun istekleri doğrultusunda hareket ettiğinde ise kendisine ulaşabileceğini vurgular. Hatta insan tanrıdan aldığı soylu ve doğru öğütleri uygulamadaki başarı ölçüsüne göre, kendisi için belirlenmiş olan talihinin üstüne (*supra fortuna*) bile çıkabilir.[3] Burada Seneca'nın, tanrıların bile ayrıcalığı olmadığı mutlak bir zorunluluktan söz ettiği görülür: Stoa felsefesinde evrenin üç büyük gücünden ilki olan ve

---

1 Arnold 1958: 115-116.
2 Seneca, *Epistulae*, 65.23-34.
3 Seneca, *Epistulae*, 16.2-3.

olayların akışını tayin eden mutlak zorunluluk, *fatum*[1] (Yun. *eimarmenē*: alınyazısı, yazgı, kader) bütün tanrısal ve insani işlerin üzerindedir ve "her şey onunla olur;"[2] bunu bozacak hiçbir güç yoktur.[3] Mutlak zorunluluk sonucu ne olacaksa olacak, ne olmayacaksa olmayacaktır.[4] Sonuçta tanrı da bu yasaya bağlıdır. Tanrısal gücün sınırları bellidir. Tanrı insana ne yapabileceğini göstermiştir, ama insana sağladıklarını değiştiremez. Oysa insan iradesi sayesinde aklını ön plana alıp tutkularından arınırsa ve kötü talihin (*adversa fortuna*) saldırılarına azimli bir ruhla direnirse, bu talihi iyiye (*secunda fortuna*) çevirebilir ve dolayısıyla talihin üstüne çıkabilir.

Stoacıların evrende ikinci büyük güç saydıkları *providentia* (Yun. *pronoia*) ise *fatum*dan farklıdır. *Tanrısal öngörü* olarak çevirmeyi uygun gördüğümüz *providentia*,[5] tanrının

---

1 *Fateor* (itiraf etmek, kabul etmek, teslim etmek) fiilinden türeyen *fatum*, ifade edilmiş; tanrı tarafından ifade edilmiş olan, yazgı, alınyazısı anlamlarına gelir.
2 Cicero, *De Fato*, 15.33; Diogenes Laertius, 7.149.
3 Seneca, *Naturales Quaestiones*, 11.36; *Epistulae*, 19.6.
4 Arnold 1958: 119.
5 *Providere* (ileriyi görmek, öngörmek, öngörülü hareket etmek vs) fiiliden türeyen *providentia* sözcüğü, 1. önseziş, önbilgi; 2. öngörürlük, ileriyi görme, basiret; 3. ilahi bir aklın dünyayı idare etmesi, tanrısal takdir; 4. tanrı, anlamlarını içermektedir.

kendi yarattıkları ve kendi evreni üzerine olan kontrollü bakışı, yaşamın en küçük ayrıntısına bile egemen olan ve kontrolü altında tutan ilahi gücüdür. Dinsel dünya görüşleri *providentia* konusuna şöyle değinmişlerdir: "Olup biten ve olmakta olan her şey bir gaye tarafından yönetilir; her oluş böyle bir gayeyi içinde taşır ve bu gaye oluşun yönünü tayin eder. Bu gayeyi, tanrısal varlık bu oluşun içine koymuştur. Dünyadaki oluşun yönünü ve gidişini bu gaye önceden tayin etmiştir."[1]

"Evren tanrısal öngörüyle yönetilir"[2] inancına sahip olan Stoacılar için *providentia* ilahın kendini bedensel sunuşudur; *providentia* eseriyle bizim gözlerimizin önündedir, çünkü onun bir amacı vardır.[3] İlk amaç, bir evren yaratmak; ikinci amaç, evreni bütünleyip tamamlamak ve üçüncü amaç, evrene her tür güzelliği ve mükemmelliği bahşetmektir.[4]

Burada Stoacı evren öğretisi göz önünde bulundurularak sözcük terimleştirilmiş ve tanrının öngördüğü amaçlara göre dünyayı yönlendirmesi tanımından yola çıkılarak *tanrısal öngörü* biçiminde Türkçeye çevrilmiştir. Bu terim çalışmasında karşılaştığımız güçlükler, Yunanca ve Latince felsefe terimlerini Türkçemize kazandıracak geniş kapsamlı bir sözlük çalışmasının gerekliliğini bize bir kez daha kanıtlamıştır.

1 Mengüşoğlu 1971: 136.
2 Cicero, *De Natura Deorum*, 2.22.58.
3 Arnold 1958: 204.
4 Cicero, *De Natura Deorum*, 2.22.58.

Stoacılara göre evren yaratılabilecek en iyi evrendir.[1] Gökyüzünü seyrederken duyulan huşu, onun içinde hareket eden yıldızlar, Güneş ve Ay, yeryüzünde göğe ağan dağlar, gürül gürül akan nehirler vs evrenin güzelliğinin kanıtıdır. Bu evren insanın kullanımına yönelik olarak yaratılmıştır. Burası insanlarla tanrıların beraber paylaştıkları bir yuvadır.[2] *Providentia*, Stoa'da olsun, Seneca'da olsun, bireylerden öte, insanlıkla ilgilidir. Tanrı insanlığın kurtuluşu için bireyi feda etmek zorundadır.[3] Tek tek insanların başına geldiği görülen yıkımlar ve dehşet uyandırıcı sonlar, kaçınılması mümkün olmayan zorunluluğun işidir. İnsanların kötü yazgısı tanrıların onları sevmediği anlamına gelmez.

Stoacılar tanrıyı her şeye gücü yeten (*omnipotens*) olarak düşünmez. *Providentia*nın iş görme alanı her şeyi çepeçevre saran bir zorunlulukla sınırlanmıştır.[4] Bunun sonucunda tanrılar kötülüğün varlığını engelleyemezler, bu yüzden kötü talihin sorumlusu onlar değildir. Yapıtının girişindeki "tanrıların davasını üstleneceğim"[5] ifadesine dikkat edilecek olursa, Seneca'nın da bu noktayı göz önünde bulundurduğu anlaşılır.

---
1 Cicero, *De Natura Deorum*, 2.34.86.
2 Cicero, *De Natura Deorum*, 2.62.154.
3 Cicero, *De Natura Deorum*, 2.66.167.
4 Arnold 1958: 208.
5 Seneca, *De Providentia*, 1.1.

Stoacı evren anlayışında üçüncü güç olan *fortuna*[1] (Yun. *tykhē*: talih) mutlak anlamda yoktur, ama bireyin yaşamında her an onunladır ve bireyin kendi bakış açısından bir anlam içerir. Talih bireyi ilkesi olmayan despot bir yönetici gibi yönetebildiği gibi, onun hizmetine de girebilir.[2]

Seneca'ya göre talihin aksiliklerine ancak bilge bir insan karşı koyabilir; çünkü o yaşamında önüne çıkacak olan kötülüklere kendini önceden alıştırır ve başka insanların uzun süre katlanarak hafifletebildikleri felaketleri o uzun süre düşünüp hafifletir.[3] Seneca'ya göre bilge bir insan aynı zamanda ölümü bile küçümseyen insandır; çünkü ölümün kötü sayılan olaylar arasında baş yeri tutmasına karşın özünde kötü olmadığını ve yaşam kadar doğal olduğunu sezen ancak bilge kişidir. "Yüce bir ruh tanrıya itaat etmeli ve evrenin yasası (*lex universi*) ne emrederse duraksamadan yerine getirmelidir. Bu durumda ya tanrıyla birlikte daha aydınlık ve daha dingin bir şekilde yaşamak üzere daha iyi bir yaşama yollanacak ya da hiçbir zarara uğramadan kendi doğası-

---

1 *Fero* (taşımak, getirmek) fiilinden gelen *fors* (şans) sözcüğüyle bağlantılı olan *fortuna*, "şans, baht, talih" anlamlarına gelmektedir.
2 Arnold 1958: 210; Seneca, *Epistulae*, 74.7.
3 Seneca, *Epistulae*, 76.34-35.

na karışacak ve bütüne geri dönecektir"[1] diyerek bu konudaki düşüncelerini belirten Seneca, gerektiğinde (yüce bir amaç uğruna ya da işkenceli bir ölüm karşısında tercih yapmak durumunda bırakıldığında) intiharı öğütleyen bir Stoacıdır. Ona göre fazla yaşamak ölümün geliş süresini uzatmaktan başka bir işe yaramaz: "Bir ölüm işkenceli, öteki basit ve kolaysa neden sonuncuyu tutup yakalamayayım? Nasıl deniz seyahati yapmak için bir gemi, oturmak için bir ev seçilecekse, yaşamdan ayrılmak için de bir ölüm biçimi seçilebilir. Herkes yaşamını başka insanlara göre değerlendirmelidir, ama ölümü kendisine göre."[2]

De Providentia'nın Kimliği

Seneca'nın *Dialogi*'sinin[3] birinci kitabı olan bu yapıtın yazıldığı kesin tarih konusunda birtakım şüpheler vardır. Bu yapıtı Fransızcaya çeviren R. Waltz, hazırladığı baskının girişinde,[4] *De Providentia*'nın Seneca'nın sürgündeki ilk yılında (İS 41-42) yazıldığını ileri sürmüştür.

---

1 Seneca, *Epistulae*, 71.16-17.
2 Seneca, *Epistulae*, 70.11-13.
3 *Dialogi*'nin el yazmaları: *Codex Ambrosianus* (A ya da A$^{1-6}$) (Milano, 10 ya da 11. yy); *Codex Laurentianus* (L) (12 ya da 13. yy); *Codex Nazarianus* (N) (Vatican'ın Palatin koleksiyonu içinde, 8 ya da 9. yy); *Codex Amplonianus* (A) (Erfurt, 12. yy); *Codex Parisinus* 8542 (T) (12. yy).
4 Waltz (tr.) 1950: 7.

Yapıt Stoa felsefesinin genel öğretilerini kabul edip bu felsefeye sonsuz inanç besleyen Lucilius'a ithaf edilmiştir. Tanrının varlığıyla ilgili herhangi bir şüphesi olmayan Lucilius'un anlayamadığı bir konu vardır: "Tanrısal öngörü olduğu halde iyi insanların başına birtakım felaketlerin gelmesinin nedeni nedir?" Altı bölümden oluşan *De Providentia*, Lucilius'un yakınma niteliğindeki bu sorusuna Seneca'nın Stoa felsefesinin ahlak öğretisi ışığı altında, tanrı ile insan arasındaki ilişkileri çeşitli yönlerden ele aldığı ve Roma tarihinden seçtiği örneklerle zenginleştirdiği yanıttan oluşmaktadır.

1. Bölüm: *Providentia*yı açıklamak amacıyla doğa olaylarının çarpıcılığının gözler önüne serildiği ve bunların belirlenmiş, yüce bir yasa sonucu oluştuğunun vurgulandığı kısa bir açıklamadan sonra tanrı ile insan arasında bir dostluğun, hatta dostluktan da öte bir akrabalığın olduğu belirtilir.

2. Bölüm: Birbirinin karşıtı olan şeylerin karışmasının olanaksızlığından hareketle, cesur bir insanın ruhunu hiçbir felaketin bozamayacağı üzerinde durulur ve Roma tarihinde diğer yazarlarca da çoğu kez cesur bir adam örneği olarak gösterilen Cato'nun yaşantısı ve felaketlere katlanmadaki üstün ruh gücü sergilenir.

3. Bölüm: İyi insanların başına gelen felaketler örnek olarak gösterilir. Bu felaketlerin örneklerinin tek tek bireylerin olduğu kadar insanlığın da yararına olduğu görüşü ele alınır ve Mucius, Fabricius, Rutilius, Regulus ve Sokrates gibi kişilerin belalı olaylar karşısındaki tutumları ayrı ayrı incelenir.

4. Bölüm: Felaketlerin ve dehşet uyandırıcı olayların üstesinden ancak büyük adamların gelebileceği görüşü ileri sürülür ve azimli bir ruha sahip olabilmek için zevk, eğlence ve zenginlik gibi insanın düşünce gücünü yok eden tutkulardan arınmanın gerekliliği vurgulanır.

5. Bölüm: Felaket getiren olayların iyi bir insanın elinde iyi, kötü bir insanın elinde ise kötü olacağı belirtilir ve iyi bir insan tipinin ancak sert koşullara dayanmayı öngören bir talihle yaratılabileceği görüşü, Ovidius'un *Metamorphoses* (Dönüşümler) adlı yapıtından alınan bir örnekle irdelenir.

6. Bölüm: Lucilius'un sorusuna kesin bir yanıtın verildiği ve diğer bölümlerin kısa bir özetini içeren bu son bölümde, tanrı konuşur ve iyi insanlara verilen kötü talihin bir sınama olduğunu ve bu sınamadan geçirilecek insanlara aynı zamanda olayların şiddeti doğrultusunda bir katlanma gücünün de bahşedildiğini kendi ağzından dile getirir. Ayrıca ölümün yaşam kadar doğal olduğu ve ondan korkmanın anlamsızlığı vurgulanır.

L. ANNAEI SENECAE
DIALOGORUM
LIBER I
AD LUCILIUM

L. ANNAEUS SENECA
DİYALOGLAR
I. KİTAP
LUCILIUS'A

QUARE ALIQUA INCOMMODA BONIS VIRIS ACCIDANT, CUM PROVIDENTIA SIT

De Providentia

1   1. Quaesisti a me, Lucili, quid ita, si providentia mundus regeretur, multa bonis viris mala acciderent. Hoc commodius in contextu operis redderetur, cum praeesse universis providentiam probaremus et interesse nobis deum; sed quoniam a toto particulam revelli placet et unam contradictionem manente lite integra solvere, faciam rem non difficilem, causam deorum agam.

2   Supervacuum est in praesentia ostendere non sine aliquo custode tantum opus stare nec hunc siderum coetum discursumque fortuiti impetus esse, et quae casus incitat saepe turbari et cito arietare, hanc inoffensam velocitatem

Tanrısal Öngörü Olduğu Halde, Neden İyi İnsanların Başına Birtakım Felaketler Gelir?

Tanrısal Öngörü

1 1. Dünyamızı tanrısal öngörü yönetiyorsa, neden hâlâ iyi insanların başına birtakım kötülükler geliyor diye bana soruyorsun Lucilius. Bu kitabın ilerleyen bölümlerinde, evrenin tanrısal öngürüyle yönetildiğini ve tanrının her zaman bizim aramızda olduğunu kanıtladıktan sonra, böyle bir soruyu yanıtlamak daha uygun olurdu. Ama mademki bütünden bir parçayı ele alıp incelememi[1] ve daha ana konuya hiç dokunmamışken bir tek bu karşı görüşünü çürütmemi istiyorsun, sorun değil, ben de öyle yapacağım; tanrıların davasını üstleneceğim.

2 Şimdilik şunları kanıtlamam anlamsız:[2] başında bir koruyucusu olmadan bu kadar yüce bir eserin[3] varolamayacağını; yıldızların bir araya gelişlerinin ya da oraya buraya koşuşturmalarının gelişigüzel bir itkiye bağlı olamayacağını; cisimlerin rastlantıyla hareket etmeleri durumunda birbirlerine girip çarpışacaklarını; karada olsun denizde olsun

procedere aeternae legis imperio tantum rerum terra marique gestantem, tantum clarissimorum luminum et ex disposito relucentium; non esse materiae errantis hunc ordinem nec quae temere coierunt tanta arte pendere, ut terrarum gravissimum pondus sedeat inmotum et circa se properantis caeli fugam spectet, ut infusa vallibus maria molliant terras nec ullum incrementum fluminum sentiant, ut ex minimis seminibus nascantur ingentia. Ne illa quidem quae videntur confusa et incerta, pluvias dico nubesque et elisorum fulminum iactus et incendia ruptis montium verticibus effusa, tremores labantis soli aliaque quae tumultuosa pars rerum circa terras movet, sine ratione, quamvis subita sint, accidunt, sed suas et illa causas habent non minus quam quae alienis locis conspecta miraculo sunt, ut in mediis fluctibus calentes aquae et nova insularum in vasto exsilientium mari spatia. Iam vero si quis bunca doğa olayına sebebiyet veren, göz kamaştırıcı bunca ışığın bir düzene göre parlamasını sağlayan bu kesintisiz devinimin ancak sonsuz bir yasanın buyruğu doğrultusunda gerçekleşebileceğini; bu düzenin rastgele dolanan bir maddenin eseri olamayacağını ya da rastgele birleşmelerin o koca cüsseli yeryüzünü kımıldamadan tutacak, etrafında hızla dönenen gökyüzünü kollayacak, vadilerin içine yayılan denizlerin toprağı gevşetmemesini ve kabaran nehirlerden hiç etkilenmemesini sağlayacak ya da minicik tohumlardan devasa yaratıklar doğuracak kadar büyük bir beceri gösterip denge sağlayamayacağını. Gerçekten de karmaşık ve belirsiz gibi görünen bazı olaylar, örneğin yağmurlar, bulutlar, gümbür gümbür çakan şimşekler, dağların zirvelerini yarıp yayılan ateşler, kayıp giden toprağın yarattığı sarsıntılar ve doğanın vahşi yanının yeryüzünde harekete geçirdiği başka karmaşık olaylar bir anda patlak verseler de, evrensel bir akıl olmadan gerçekleşemezler; ayrıca bütün bu olayların ve aynı şekilde doğal ortamları dışında meydana geldiklerinden bizim mucizevi olarak gördüğümüz başka olayların, sözgelimi dalgaların ortasında fokur fokur kaynayan suların, uçsuz bucaksız denizde birdenbire bitiveren yeni adaların, kendilerini doğuran ana sebepler vardır. Herhangi biri observaverit nudari litora pelago in se recedente eademque intra exiguum tempus operiri, credet caeca quadam volutatione modo contrahi undas et introrsum agi, modo erumpere et magno cursu repetere sedem suam, cum interim illae portionibus crescunt et ad horam ac diem subeunt ampliores minoresque, prout illas lunare sidus elicuit, ad cuius arbitrium oceanus exundat. Suo ista tempori reserventur, eo quidem magis quod tu non dubitas de providentia sed quereris. In gratiam te reducam cum diis adversus optimos optimis. Neque enim rerum natura patitur ut umquam bona bonis noceant; inter bonos viros ac deos amicitia est conciliante virtute.

Amicitiam dico? Immo etiam necessitudo et similitudo, quoniam quidem bonus tempore tantum a deo differt, discipulus eius aemulatorque et vera progenies, quam parens ille magnificus, virtutum non lenis exactor, sicut severi patres, durius educat. Itaque cum videris denizin kendi içine çekilip de kıyıların çırılçıplak kaldığını ve kısa sürede yeniden sularla kaplandığını görse, rastlantısal bir gelgite bağlı olarak zaman zaman dalgaların çekilip kendi içine sürüklendiğini, zaman zaman öne atılıp her şeyi silip süpürdükten sonra olduğu yere yeniden döndüğünü düşünecektir. Oysa gerçekte sular yavaş yavaş[4] çoğalır ve Ay adı verilen –hükmü uyarınca okyanusun kabarıp dalgalandığı– yıldızın çekim gücüne bağlı olarak zamanı ve günü geldiğinde artar ya da azalır. Ama bu tür konuları yeri geldiğinde inceleyelim, çünkü senin aslında tanrısal öngörü hakkında şüphelerin yok, sadece bundan şikâyet ediyorsun. O halde seni iyi insanlara karşı hep iyi olan tanrılarla uzlaştırmalıyım. Çünkü doğa iyilerin iyilere zarar vermesine asla izin vermez; iyi insanlar ile tanrılar arasında erdemin yarattığı bir dostluk vardır.[5]

Dostluk mu diyorum? Hayır, daha çok bir akrabalık ve benzerlik demeliyim, çünkü iyi insan tanrının öğrencisi, taklitçisi ve onun hakiki oğlu olduğu için, tanrıdan sadece zaman bakımından farklıdır; bu yüzden erdemlerin haşin tahsildarı olan o muhteşem baba,[6] tıpkı sert babalar gibi, iyi insana diğerlerinden daha katı bir eğitim verir. O halde tanrılar bonos viros acceptosque diis laborare, sudare, per arduum escendere, malos autem lascivire et voluptatibus fluere, cogita filiorum nos modestia delectari, vernularum licentia, illos disciplina tristiori contineri, horum ali audaciam. Idem tibi de deo liqueat. Bonum virum in deliciis non habet, experitur, indurat, sibi illum parat.

2. "Quare multa bonis viris adversa eveniunt?" Nihil accidere bono viro mali potest; non miscentur contraria. Quemadmodum tot amnes, tantum superne deiectorum imbrium, tanta medicatorum vis fontium non mutant saporem maris, ne remittunt quidem, ita adversarum impetus rerum viri fortis non vertit animum. Manet in statu et quicquid evenit in suum colorem trahit; est enim omnibus externis potentior. Nec hoc dico: non sentit illa, sed vincit et alioqui quietus placidusque contra incurrentia attollitur. Omnia adversa exercitationes putat. Quis autem, vir modo et erectus ad honesta, non est laboris adpetens iusti et ad

tarafından kabul gören iyi insanların sıkıntı çektiğine, ter akıttığına, sarp yokuşlara tırmandığına, buna karşın kötülerin gülüp eğlendiğine, zevkler içinde yüzdüğüne tanık olduğunda, oğullarımızın edebinden, köle çocuklarınsa haddini bilmezliklerinden zevk aldığımızı ya da oğullarımızı acımasız bir eğitimle denetim altına alırken köle çocukların küstahlıklarını beslediğimizi bir düşün. İşte aynısı tanrı için de geçerlidir. Tanrı iyi insanı keyif içinde yaşatmaz; onu sınar, sertleştirir, kendisi için hazırlar.

1 2. "Niye iyilerin başına birçok felaket gelir?" İyi insanın başına hiçbir kötülük gelemez; karşıtlar birbirine karışmaz. Nasıl ki bunca nehir, gökten sağanak halinde yağan bunca yağmur, bunca şifalı su denizin tadını bozamazsa, hatta en ufak şekilde değiştiremezse, aynı şekilde felaketlerin hücumu da cesur insanların ruhunu değiştiremez. Ruh kendi konumunda kalır ve her ne olursa olsun onu kendi rengine dönüştürür;[7] çünkü ruh bütün
2 dış şeylerden daha güçlüdür. *Hiçbir şey hissetmez* demiyorum tabii, aksine her olayın üstesinden gelir ve akın akın gelen felaketlerin karşısında sessiz ve sakin bir şekilde dimdik durur. Her talihsizliği bir deneme sayar. Zaten gerçekten insan olan ve doğruluğu ilke edinmiş hangi adam makul birtakım sıkıntılar çekmeye ya da tehlikeli görevler üstlenmeye hazırlıklı

3   officia cum periculo promptus? Cui non industrio otium poena est? Athletas videmus, quibus virium cura est, cum fortissimis quibusque confligere et exigere ab is per quos certamini praeparantur, ut totis contra ipsos viribus utantur; caedi se vexarique patiuntur et si non inveniunt singulos pares, pluribus simul
4   obiciuntur. Marcet sine adversario virtus; tunc apparet quanta sit quantumque polleat, cum quid possit patientia ostendit. Scias licet idem viris bonis esse faciendum, ut dura ac difficilia non reformident nec de fato querantur, quicquid accidit boni consulant, in bonum vertant. Non quid sed quemadmodum feras interest.

5   Non vides quanto aliter patres, aliter matres indulgeant? Illi excitari iubent liberos ad studia obeunda mature, feriatis quoque diebus non patiuntur esse otiosos et sudorem illis et interdum lacrimas excutiunt; at matres fovere in sinu, continere in umbra volunt, numquam contristari,
6   numquam flere, numquam laborare. Patrium deus habet adversus bonos viros animum et

³ olmaz ki? Aylaklık hangi çalışkan kişiye bir ceza değil ki? Bedensel güçlerini geliştirmeye önem veren güreşçilerin en zorlu rakiplerle güreştiklerine ve kendilerini yarışmalara hazırlayan eğitmenlerinden ısrarla bütün güçlerini kendilerine karşı kullanmalarını istediklerine tanık oluruz; dövülseler de hırpalansalar da hiç ses çıkarmazlar; teke tek güreşecek rakip bulamazlarsa aynı anda birçok kişiyle ⁴ güreşirler. Cesaret, rakibi olmazsa gevşeyip eğilir; ne kadar büyük ve ne kadar kudretli olduğu, dayanabildiği şeyi bize sergilediğinde anlaşılır. Bil ki, iyi insanlar da aynı şekilde davranmak zorundadır; zorluklardan ve güçlüklerden korkup kaçmamalı, alınyazısından şikâyet etmemeli, ne olursa olsun iyi yönünden bakmalı ve iyiye döndürmelidir. Neye katlandığın değil, nasıl katlandığın önemlidir.

⁵ Babaların ne kadar başka, anaların ne kadar başka sevgi gösterdiklerini görmüyor musun? Babalar evlatlarının bir an önce çalışmaya başlaması için erkenden uyandırılmalarını emreder, tatil günlerinde bile aylaklık yapmalarına izin vermez, zaman zaman ter döktürür, zaman zaman gözyaşı. Ama analar evlatlarını bağırlarına basmak, gölgelerinden ayırma-
⁶ mak ister; üzülmelerine, ağlamalarına, eziyet çekmelerine dayanamaz. Tanrı iyi insanlara karşı babaların ruhuna sahiptir, onları mertçe

illos fortiter amat et "Operibus," inquit, "doloribus, damnis exagitentur, ut verum colligant robur." Languent per inertiam saginata nec labore tantum sed motu et ipso sui onere deficiunt. Non fert ullum ictum inlaesa felicitas; at cui assidua fuit cum incommodis suis rixa, callum per iniurias duxit nec ulli malo cedit sed etiam si cecidit de genu pugnat.

7 Miraris tu, si deus ille bonorum amantissimus, qui illos quam optimos esse atque excellentissimos vult, fortunam illis cum qua exerceantur adsignat? Ego vero non miror, si aliquando impetum capiunt spectandi magnos
8 viros conluctantis cum aliqua calamitate. Nobis interdum voluptati est, si adulescens constantis animi irruentem feram venabulo excepit, si leonis incursum interritus pertulit, tantoque hoc spectaculum est gratius, quanto id honestior fecit. Non sunt ista, quae possint deorum in se vultum convertere, puerilia et huma-
9 nae oblectamenta levitatis. Ecce spectaculum dignum ad quod respiciat intentus operi suo deus, ecce par deo dignum, vir fortis cum fortuna mala compositus, utique si et provocavit.

sever ve "Gerçek güçlerini toplamaları için sıkıntılarla, ıstıraplarla, kayıplarla boğuşsunlar," der. Uyuşukluktan yağlanan bedenler halsizleşir; zorlu bir işin üstesinden gelmek şöyle dursun, kımıldadığı anda kendi ağırlığından yere yıkılır. Yara almamış bir talih hiçbir darbeye karşı koyamaz. Ama yaşadığı sıkıntılarla sürekli savaşım halinde olan kişinin derisi aldığı yaralarla kabuk bağlar, hiçbir kötülüğe yenilmez; düşse bile, dizlerinin üstünde dövüşür.

7 İyi insanlara karşı yüreği sevgi dolu olan ve onların çok iyi, hatta mükemmel olmalarını isteyen tanrının, onlara mücadele edecekleri bir yazgı bahşetmesine şaşırır mısın? İnan ki ben hiç şaşırmam, tanrılar zaman zaman cesur insanların bir felaketle güreş tuttuklarını
8 seyretmek isteyebilir. Bir düşün, cesur yürekli bir genç kendisine hışımla saldıran vahşi bir hayvana mızrağıyla karşı koysa, bir aslanın saldırısına korkusuzca dirense, bundan ne büyük zevk alırız; bu mücadeleyi cesaretle sürdürdükçe gösteriden aldığımız zevk de katlanır. Ama bunlar tanrıların bakışını kendi üstümüze çevirmeye yetmez; çocukça şeylerdir bu tür davranışlar, insanoğlunun havai-
9 liğinin gelgeç eğlenceleridir. İşte size kendi eserinin üstüne titreyen tanrının seyredebileceği soylu bir gösteri, işte tanrıya yaraşır bir rakip: Kötü yazgısıyla yüz yüze gelmiş bir insan, hele bir de ona meydan okuyabilmişse!

Non video, inquam, quid habeat in terris Iuppiter pulchrius, si eo convertere animum velit, quam ut spectet Catonem iam partibus non semel fractis stantem nihilo minus inter ruinas publicas rectum. "Licet," inquit, "omnia in unius dicionem concesserint, custodiantur legionibus terrae, classibus maria, Caesarianus portas miles obsideat; Cato qua exeat habet; una manu latam libertati viam faciet. Ferrum istud, etiam civili bello purum et innoxium, bonas tandem ac nobiles edet operas: libertatem, quam patriae non potuit, Catoni dabit. Aggredere, anime, diu meditatum opus, eripe te rebus humanis. Iam Petreius et Iuba concucurrerunt iacentque alter alterius manu caesi. Fortis et egregia fati conventio, sed quae non deceat magnitudinem nostram; tam turpe est Catoni mortem ab ullo petere quam vitam." Liquet mihi cum magno spectasse gaudio deos, dum ille vir, acerrimus sui vindex, alienae saluti consulit et instruit discedentium fugam, dum studia etiam nocte ultima tractat, dum gladium sacro pectori infigit, dum viscera spargit et illam sanctissimam

Iuppiter[8] dünyamıza şöyle bir bakacak olsa, yeryüzünde Cato'nun gösterisinden daha hoş bir gösteri izleyebilir miydi bilmem, savunduğu ülkü her defasında paramparça olduğu halde, yine de ülkesinin yıkıntıları arasında dimdik duran Cato'nun gösterisinden?[9] Şöyle diyordu kendisi: "Bütün dünya tek bir adamın hâkimiyeti altına girmiş olsa da, karalar lejyonlarla, denizler donanmalarla çevrilmiş olsa da, Caesar'ın askerleri şehir kapılarını tutmuş olsa da, Cato bir çıkış yolu bulacaktır; tek eliyle özgürlüğe giden geniş bir yol açacaktır. İç savaşta bile lekesiz ve masum kalan şu kılıç en sonunda iyi ve soylu görevini yerine getirecek, vatanın sahip olamadığı özgürlüğü Cato'ya verecektir. Ey ruhum, uzun süredir tasarladığın işi üstlen, kendini dünya işlerinden ayır. Bak, az önce Petreius ile Iuba çarpıştılar, birbirlerinin kılıcıyla can verdiler, öylece yerde yatıyorlar.[10] Kaderle yaptıkları bu antlaşma çok seçkin ve çok cesurca, ama böyle bir şey benim büyüklüğüme yakışmaz; çünkü Cato için birinden ölüm dilemek, yaşam dilemek kadar ayıptır." Kendisinden korkunç biçimde intikam alan o adam, başkalarının kurtuluşunu dert edinirken, kendisini terk edenlerin kaçmasına yardım ederken, son gecesinde bile çalışmalarına devam ederken, kılıcını soylu göğsüne batırırken, iç organlarını delik deşik ederken ve kılıçla kirletilmeyecek kadar kutsal olan kalbini eliyle çekip çıkarırken tan-

12 animam indignamque quae ferro contaminaretur manu educit. Inde crediderim fuisse parum certum et efficax vulnus; non fuit diis immortalibus satis spectare Catonem semel. Retenta ac revocata virtus est, ut in difficiliore parte se ostenderet; non enim tam magno animo mors initur quam repetitur. Quidni libenter spectarent alumnum suum tam claro ac memorabili exitu evadentem? Mors illos consecrat, quorum exitum et qui timent laudant.

1 3. Sed iam procedente oratione ostendam, quam non sint quae videntur mala. Nunc illud dico, ista quae tu vocas aspera, quae adversa et abominanda, primum pro ipsis esse quibus accidunt, deinde pro universis, quorum maior diis cura quam singulorum est, post hoc volentibus accidere ac dignos malo esse, si nolint. His adiciam fato ista sic et recte eadem lege bonis evenire qua sunt boni. Persuadebo deinde tibi, ne umquam boni viri miserearis; potest enim miser dici, non potest esse.

rıların bu gösteriyi büyük bir zevkle seyretmiş olduğundan eminim. İnanıyorum ki, bu yüzden onun yarası bu kadar belirsiz, bu kadar etkisizdi. Cato'yu bir kez seyretmek ölümsüz tanrıları doyurmadı. Daha zor bir rol üstlenip kendini göstersin diye cesareti alıkondu ve yeniden çağrıldı. Çünkü ölümü ikinci kez istemek için yüce bir ruh gerekir. Tanrılar bu kadar soylu, bu kadar unutulmaz bir ölümle kaçıp kurtulan öğrencilerini seyretmeye doyabilir mi? Ölüm şekilleri ölümden korkanlar tarafından bile takdirle karşılanan kişileri ölüm kutsal kılar.

3. Konuşma ilerledikçe, kötü gibi görünen olayların aslında öyle olmadığını sana kanıtlayacağım. Şimdi senin zorluk olarak adlandırdığın durumların, şanssızlık ve lanetli olarak adlandırdığın olayların her şeyden önce bunlarla karşılaşan insanların yararına olduğunu, sonra da bütün insanlığın yararına olduğunu anlatacağım; zaten tanrılar için bireylerden çok insan soyu önemlidir. Üstünde duracağım bir diğer konu ise, bu tür olayların gönüllü olan insanların başına geldiği, sıkıntı yaşamak istemeyen kişilerinse kötülüğe layık olacağıdır. Sözlerime bir de şunu ekleyeceğim; bu tür olaylar talihin bir cilvesidir ve iyi insanların başına gelmesi kendilerini iyi yapan yasadan ötürüdür. Sonuçta iyi insanlara asla acımaman konusunda seni ikna edeceğim; çünkü iyi insana zavallı diyebilirsin belki, ama böyle dediğin için o zavallı olmaz.

2   Difficillimum ex omnibus quae proposui videtur quod primum dixi, pro ipsis esse quibus eveniunt ista quae horremus ac tremimus. "Pro ipsis est," inquis, "in exilium proici, in egestatem deduci, liberos coniugem ecferre, ignominia affici, debilitari?" Si miraris haec pro aliquo esse, miraberis quosdam ferro et igne curari nec minus fame ac siti. Sed si cogitaveris tecum remedii causa quibusdam et radi ossa et legi et extrahi venas et quaedam amputari membra quae sine totius pernicie corporis haerere non poterant, hoc quoque patieris probari tibi, quaedam incommoda pro is esse quibus accidunt, tam me hercules quam quaedam quae laudantur atque appetuntur contra eos esse quos delectaverunt, simillima cruditatibus ebrietati-
3   busque et ceteris quae necant per voluptatem. Inter multa magnifica Demetri nostri et haec vox est, a qua recens sum; sonat adhuc et vibrat in auribus meis: "Nihil," inquit, "mihi videtur infelicius eo, cui nihil umquam evenit adversi."

2   Öne sürdüğüm bu önermelerden ilki, yani korkup tir tir titrediğimiz felaketlerin başlarına gelen insanların yararına olduğu önermesi belki de en zoru. "Onların nasıl yararına olur" diyorsun, "sürgüne yollanmak, yoksulluğa itilmek, çocuklarını, karısını mezara koymak, rezaletlere maruz kalmak, sakatlanmak?" Bunların bir insanın yararına olmasına hayret ediyorsan, bazı hastaların ameliyat edilerek, dağlanarak ya da açlık ve susuzluk çekerek tedavi edildiğine de hayret ediyorsun demektir. Ama tedavi edilmek amacıyla bazı hastaların kemiklerinin kazındığını, hatta sökülüp çıkarıldığını, damarlarının çekildiğini ya da yerinde bırakıldığı takdirde tüm bedene zarar verecek bazı uzuvlarının kesildiğini düşünürsen, birtakım talihsizliklerin başlarına geldiği kişilerin yararına olduğunu, buna karşın, Hercules[11] adına, övgüye değer bulunan ya da peşinden koşulan şeylerin, yani tıpatıp oburluğa, sarhoşluğa ve zevkten öldüren diğer tutkulara benzeyen şeylerin,[12] kendilerinden keyif alan

3 insanlara zarar vereceğini sana kanıtlayabileceğimi de düşünmelisin. Sevgili Demetrius'un[13] birçok muhteşem sözü arasında yeni duyduğum bir tanesi var; bu sözü hâlâ duyuyor gibiyim, hâlâ kulaklarımda çınlıyor: "Bana öyle geliyor ki," diyor Demetrius, "başına hiç bir felaket gelmemiş insandan daha şanssızı yok."

Non licuit enim illi se experiri. Ut ex voto illi fluxerint omnia, ut ante votum, male tamen de illo dii iudicaverunt. Indignus visus est a quo vinceretur aliquando fortuna, quae ignavissimum quemque refugit, quasi dicat: "Quid ego istum mihi adversarium adsumam? Statim arma submittet; non opus est in illum tota potentia mea, levi comminatione pelletur, non potest sustinere vultum meum. Alius circumspiciatur cum quo conferre possimus manum; pudet congredi cum homine vinci parato." Ignominiam iudicat gladiator cum inferiore componi et scit eum sine gloria vinci, qui sine periculo vincitur. Idem facit fortuna: fortissimos sibi pares quaerit, quosdam fastidio transit. Contumacissimum quemque et rectissimum aggreditur, adversus quem vim suam intendat: ignem experitur in Mucio, paupertatem in Fabricio, exilium in Rutilio, tormenta in Regulo, venenum in Socrate, mortem in Catone. Magnum exemplum nisi mala fortuna non invenit.

Infelix est Mucius, quod dextra ignes hostium premit et ipse a se exigit erroris sui poenas?

Çünkü böyle bir adama hiçbir zaman kendini deneme fırsatı tanınmamıştır. Dua ettiği her şeye, hatta dua etmeden önce, bir anda kavuşmuş olsa bile, yine de tanrılar kendisine kötü bir alınyazısı takdir etmişler. Bu adam hiç bir zaman kaderine karşı zafer kazanacak değerde görülmemiştir; çünkü kader kendisini bütün korkaklardan çeker ve sanki şöyle der: "Onu kendime ne diye rakip alayım? Hemen silahlarını bırakacak; ona karşı bütün gücümü kullanmama hiç gerek yok; şöyle hafifçe kaşlarımı çatsam savrulup gider, bakışlarıma dayanamaz. Siz bana kendisiyle mücadele edebileceğim değerde birini bulun; yenilme-

4 ye dünden hazır bir insanla dövüşmek bana utanç verir." Gladyatör kendi gücünde olmayan biriyle savaşmayı zül sayar, tehlikesizce kazanılan zaferin onursuzca kazanılmış bir zafer olduğunu bilir. Kader de aynısını yapar: Kendisine rakip olarak en cesur insanları arayıp bulur; çoğu insanı hor görür, üstünde bile durmaz. En inatçısına, en dürüstüne saldırır, olanca gücünü böyle insana yöneltir. Mucius ateşle sınanır, Fabricius yoksullukla, Rutilius sürgünle, Regilius işkenceyle, Sokrates zehirle, Cato ise ölümle.[14] Örnek alınacak büyük insan yaşadığı kötü kaderle keşfedilir.

5 Sağ elini düşman ateşine bastırdığı ve yaptığı hatanın bedelini kendisine ödettiği için Mucius şanssız bir adam mı yani?[15]

Quod regem, quem armata manu non potuit, exusta fugat? Quid ergo? Felicior esset, si in sinu amicae foveret manum?

6 Infelix est Fabricius, quod rus suum, quantum a re publica vacavit, fodit? Quod bellum tam cum Pyrrho quam cum divitiis gerit? Quod ad focum cenat illas ipsas radices et herbas quas in repurgando agro triumphalis senex vulsit? Quid ergo? Felicior esset, si in ventrem suum longinqui litoris pisces et peregrina aucupia congereret, si conchylis superi atque inferi maris pigritiam stomachi nausiantis erigeret, si ingenti pomorum strue cingeret primae formae feras, captas multa caede venantium?

7 Infelix est Rutilius, quod qui illum damnaverunt causam dicent omnibus saeculis? Quod aequiore animo passus est se patriae eripi quam sibi exilium? Quod Sullae dictatori solus aliquid negavit et revocatus tantum non retro cessit et longius fugit? "Viderint," inquit, "isti quos Romae deprehendit felicitas tua. Videant

Elindeki silahıyla yenemediği kralı elini yakıp kavurarak kaçırdı diye şanssız mı? Ne yapsaydı? Elini sevgilisinin göğsünde ısıtsaydı daha mı şanslı sayılacaktı?

6 Fabricius[16] kamudaki görevinden vakit buldukça kendi toprağını kazdığı için mi şanssızdır? Pyrrhus'la olduğu kadar zenginlikle de savaştığı için mi? O ihtiyar haliyle zafer kazandığı halde, tarlasını temizlerken yolup çıkarttığı bitki köklerini ya da otları ocağının yanı başına oturup da yediği için mi? Ne yapsaydı? Karnını uzak sahillerin balıklarıyla ya da yabancı ülkelerin kuşlarıyla doyursaydı daha mı şanslı sayılacaktı, midesi bulanıp ağırlaştıkça doğunun, batının denizlerinden getirilen istiridyelerle yeniden canlandırsaydı ya da birçok avcının hayatına mal olarak yakalanmış hayvanları tepeleme meyvelerle çevreleseydi?

7 Rutilius,[17] kendisini mahkûm edenler yüzyıllarca kendi davalarını savunacağı için mi şanssızdır?[18] Vatanından götürülmesini de, sürgünden kurtulmasını da aynı sakin ruh haliyle karşıladığı için mi? Tek başına *dictator*[19] Sulla'nın bütün isteklerini geri çevirdiği, sürgünden çağrıldığı halde asla dönmeyi düşünmediği, dahası çok daha uzaklara kaçtığı için mi? "O mutlu çağının[20] Roma'da ele geçirdiği kişiler seyretsin bunları," dedi. "Seyretsinler

largum in foro sanguinem et supra Servilianum lacum (id enim proscriptionis Sullanae spoliarium est) senatorum capita et passim vagantis per urbem percussorum greges et multa milia civium Romanorum uno loco post fidem,
8 immo per ipsam fidem trucidata; videant ista qui exulare non possunt." Quid ergo? Felix est L. Sulla, quod illi descendenti ad forum gladio summovetur, quod capita sibi consularium virorum patitur ostendi et pretium caedis per quaestorem ac tabulas publicas numerat? Et haec omnia facit ille, ille qui legem Corneliam tulit!

9 Veniamus ad Regulum: quid illi fortuna nocuit, quod illum documentum fidei, documentum patientiae fecit? Figunt cutem clavi et quocumque fatigatum corpus reclinavit, vulneri incumbit, in perpetuam vigiliam suspensa sunt lumina. Quanto plus tormenti tanto plus erit gloriae. Vis scire quam non paeniteat hoc
10 pretio aestimasse virtutem? Refice illum et mitte in senatum; eandem sententiam dicet. Feliciorem ergo tu Maecenatem putas, cui amoribus anxio et morosae uxoris cotidiana repudia deflenti somnus per symphoniarum cantum ex longinquo lene resonantium quaeritur?

*forum*da akan kanı, Servilius Gölü'nün üstündeki *senator*ların kellelerini[21] (çünkü Sulla'nın yasaklarının mezbahasıdır bu göl), şehri bir baştan bir başa dolanan katil sürülerini ve kendilerine güvence verildikten sonra, daha doğrusu bizzat güvence sözüne dayanılarak bir yerlerde boğazlanan binlerce Romalı vatanda-

8 şı. Sürgüne gidemeyenler seyretsin bunları." Ne yani? Lucius Sulla *forum*a inerken yolu kılıçla açıldığı için mi daha şanslı, yoksa *consul*ların[22] kafaları kendisine gösterilirken hiç çekinmeden baktığı için ya da akıttığı kanın parasını hazine bakanı aracılığıyla devlet fonundan ödettiği için mi? İşte bütün bunların sorumlusu bu adam, Cornelia Yasası'nı çıkaran bu adam![23]

9 Regulus'a[24] gelelim: Kendisini bir sadakat örneği, bir sabır örneği haline getirmekle kader ona ne zarar verdi? Derisini çiviler deliyor; yorgun bedenini nereye yaslasa bir yaranın üzerine yatıyor; gözleri sonsuz bir uykusuzluğa takılıp kalmış.[25] Ama ne kadar işkence çekse o kadar onur kazanacak. Erdeme bu kadar yüksek bir fiyat biçtiği için hiç pişmanlık duymadığını bilmek ister misin? Onu tedavi et ve yeniden senatoya gönder; düşüncesini aynı

10 şekilde söyleyecektir. O halde sevgililerini kıskanan, huysuz karısından her gün azar işitip kederlenen, uzaklardan yankılanan ahenkli bir ezginin kollarında uyumaya çalışan Maecenas'ın[26] daha şanslı olduğunu mu sanıyorsun?

Mero se licet sopiat et aquarum fragoribus avocet et mille voluptatibus mentem anxiam fallat, tam vigilabit in pluma quam ille in cruce; sed illi solacium est pro honesto dura tolerare et ad causam a patientia respicit, hunc voluptatibus marcidum et felicitate nimia laborantem magis his quae patitur vexat causa patiendi. Non usque eo in possessionem generis humani vitia venerunt, ut dubium sit an electione fati data plures nasci Reguli quam Maecenates velint; aut si quis fuerit, qui audeat dicere Maecenatem se quam Regulum nasci maluisse, idem iste, taceat licet, nasci se Terentiam maluit!

11

Male tractatum Socratem iudicas, quod illam potionem publice mixtam non aliter quam medicamentum immortalitatis obduxit et de morte disputavit usque ad ipsam? Male cum illo actum est, quod gelatus est sanguis ac paulatim frigore inducto venarum vigor constitit? Quanto magis huic invidendum est quam illis quibus gemma ministratur, quibus exoletus

12

13

Oysa kendisini şarap fıçısına batırsa da, teselliyi dalga seslerinde arasa da, endişe dolu zihnini bin bir zevkle kandırsa da, yine de kuş tüyü yatağında bile, çarmıha gerilmiş bir Regulus kadar uyku girmeyecektir gözüne. Oysa Regulus için dürüstlük uğruna zorluklara katlanmak bir tesellidir; o çektiği ıstıraptan çok ıstırabın nedenini düşünür; buna karşın katlandığı durumlar, o zevk yorgunu, aşırı mutluluk emekçisi Maecenas'ı katlanma nedeninden daha fazla sarsar. Neyse ki insanoğlu, kaderi kendisine bir seçim olanağı tanıyacak olsa, bir Maecenas olarak doğmaktansa bir Regulus olarak doğmayı tercih etmede kuşkuya kapılacak kadar kötülüklerin esiri olmamıştır; ya da Regulus olarak doğmaktansa Maecenas olarak doğmayı tercih ettiğini söylemeye cüret eden biri varsa, o bile, dile getirmese de, bir Terentia[27] olarak doğmayı daha fazla tercih ederdi.

Devletin nezareti altında karılıp hazırlanan o zehri, adeta ölümsüzlük iksiriymiş gibi bir dikişte içtiği ve ölene kadar ölüm üzerine sohbet ettiği için Sokrates'e[28] kötü davranıldığını mı düşünüyorsun? Kanı soğuyup soğukluk yavaş yavaş bedenine yayılıp da damarları büzüldüğü için mi kötü bir davranışa maruz kalmıştır? Oysa mücevher işli kadehlerle kendilerine içkiler sunulan adamlara bakınca biz Sokrates'i ne çok kıskanmalıyız; her şeye omnia pati doctus exsectae virilitatis aut dubiae suspensam auro nivem diluit! Hi quicquid biberunt vomitu remetientur tristes et bilem suam regustantes, at ille venenum laetus et libens hauriet.

14 Quod ad Catonem pertinet, satis dictum est summamque illi felicitatem contigisse consensus hominum fatebitur, quem sibi rerum natura delegit cum quo metuenda conlideret. "Inimicitiae potentium graves sunt; opponatur simul Pompeio, Caesari, Crasso. Grave est a deterioribus honore anteiri; Vatinio postferatur. Grave est civilibus bellis interesse; toto terrarum orbe pro causa bona tam infeliciter quam pertinaciter militet. Grave est manus sibi afferre; faciat. Quid per haec consequar? Ut omnes sciant non esse haec mala quibus ego dignum Catonem putavi."

1 4. Prosperae res et in plebem ac vilia ingenia deveniunt; at calamitates terroresque mortalium sub iugum mittere proprium magni viri est. Semper vero esse felicem et sine morsu animi

katlanmak üzere yetiştirilen, hadım edilmiş
ya da cinsiyeti meçhul bir hizmetkâr tarafın-
dan şarapları altın bir kapta karla karıştırı-
lıp kendilerine sunulan o adamlara bakınca!
Bunlar ne içse yüzlerini buruşturup kusacak,
öyle rahatlayacaktır ve ağızlarında sırf safra
tadı kalacaktır; o ise kendisine sunulan zehri
keyifle, seve seve içecektir.

14   Hakkında yeterince konuştuğum Cato'ya ge-
lince, bütün insanlık onun en yüce mutluluğa
eriştiğini kabul etmeli. Doğa bu adamı kendi-
sine seçti, ölümcül gücünü sergileyip alaşağı
etsin diye kendini. "Güçlülerin düşmanlığı ezi-
cidir," dedi doğa, "bırakın aynı anda hem Pom-
peius'la,[29] hem Caesar'la hem de Crassus'la[30]
dövüşsün. Kendisinden rütbece aşağıda olanlar
tarafından yenilmek ağırdır; bırak Vatinius[31] ta-
rafından bozguna uğratılsın. İç savaşa katılmak
zordur; bırak haklı bir dava uğruna tüm dün-
yayla talihsizce, ama bir o kadar da inatla sa-
vaşsın. İnsanın kendi kendini öldürmesi zordur;
bırak öldürsün. Bundan ne mi kazanacağım?
Cato'yu layık gördüğüm bütün bu durumların
aslında kötü olmadığını herkesin bilmesini."

1   4. Refah dolu bir yaşam sıradan bir ada-
ma da nasip olur, sıradan yeteneklere de; ama
ölümlülerin başına gelen felaketleri ve kor-
kuları boyunduruk altına almak, ancak bü-
yük adamın işidir. Gerçekten de sürgit mut-
lu olmak, zihinsel acı çekmeksizin bir ömür

2 transire uitam ignorare est rerum naturae alteram partem. Magnus vir es; sed unde scio, si tibi fortuna non dat facultatem exhibendae virtutis? Descendisti ad Olympia, sed nemo praeter te; coronam habes, victoriam non habes. Non gratulor tamquam viro forti, sed tanquam
3 consulatum praeturamve adepto; honore auctus es. Idem dicere et bono viro possum, si illi nullam occasionem difficilior casus dedit in qua una vim animi sui ostenderet: "Miserum te iudico, quod numquam fuisti miser. Transisti sine adversario vitam; nemo sciet quid potueris, ne tu quidem ipse." Opus est enim ad notitiam sui experimento; quid quisque posset nisi temptando non didicit. Itaque quidam ipsi ultro se cessantibus malis optulerunt et virtuti
4 iturae in obscurum occasionem per quam enitesceret quaesierunt. Gaudent, inquam, magni viri aliquando rebus adversis, non aliter quam fortes milites bello. Triumphum ego murmillonem sub Tib. Caesare de raritate munerum audivi querentem: "Quam bella," inquit, "aetas perit!"

2 sürmek doğanın bir yanına yabancı kalmak demektir.³² Büyük adamsın, ama nereden bileyim kaderin sana erdemini hiç sergileme fırsatı tanımamışsa? Olympia'daki müsabakalara katıldın, ama senden başka hiç katılan yok; demek ki taca sahipsin, zafere değil. Seni cesur bir adammışsın gibi kutlamam, *consul-*
3 luk ya da *praetor*luk³³ elde etmişsin gibi kutlarım ancak; aferin, rütbece yükseldin. İyi bir insan için de aynı şeyi söyleyebilirim, yalnız ruh gücünü gösterebileceği türde hiç zorlu bir olayla karşılaşmamışsa eğer: "Senin zavallı olduğunu düşünüyorum, çünkü hiç bir zaman zavallı olmadın. Yaşamını rakibin olmaksızın geçirdin; ne yapabileceğini kimse bilmeyecek, kendin bile." Çünkü insan kendisini tanıması için sınanmalıdır; bir atılım yapmadıkça ne yapabileceğini öğrenemezsin. Bu yüzden bazı insanlar gelmekte geciken felaketlere kendilerini gönül rızasıyla sunmuş ve karanlığa gömülmek üzere olan erdemlerini aydın-
4 lığa kavuşturmak için bir fırsat aramışlardır. Bana göre büyük adamlar çoğu zaman talihsizliklerden hoşlanır, tıpkı cesur askerlerin savaştan hoşlanması gibi. Tiberius Caesar zamanında yaşayan gladyatör Triumphus'u işitmiştim;³⁴ bu tür gösterilerin artık ne kadar az yapıldığından şikâyet ediyordu. Şöyle diyordu: "Ah, ne güzel bir çağ gelip geçti!"³⁵

Avida est periculi virtus et quo tendat, non quid passura sit cogitat, quoniam etiam quod passura est gloriae pars est. Militares viri gloriantur vulneribus, laeti fluentem meliori casu sanguinem ostentant; idem licet fecerint qui
5 integri revertuntur ex acie, magis spectatur qui saucius redit. Ipsis, inquam, deus consulit, quos esse quam honestissimos cupit, quotiens illis materiam praebet aliquid animose fortiterque faciendi, ad quam rem opus est aliqua rerum difficultate. Gubernatorem in tempestate, in acie militem intellegas. Unde possum scire quantum adversus paupertatem tibi animi sit, si divitiis diffluis? Unde possum scire quantum adversus ignominiam et infamiam odiumque populare constantiae habeas, si inter plausus senescis, si te inexpugnabilis et inclinatione quadam mentium pronus favor sequitur? Unde scio quam aequo animo laturus sis orbitatem, si quoscumque sustulisti vides? Audivi te, cum alios consolareris: tunc conspexissem, si te ipse
6 consolatus esses, si te ipse dolere vetuisses. Nolite, obsecro vos, expauescere ista, quae dii

Erdem tehlikeye açtır, neye göğüs gereceğinden çok neyi hedeflediğini düşünür, çünkü zaten göğüs gereceği olay kazanacağı onurun bir parçasıdır. Savaşçı insanlar yaralarıyla gurur duyar, daha iyi bir kader için akıttıkları kanı neşeyle sergilerler; savaş meydanından yara almadan dönenler iyi dövüşmüş olabilirler, ama yaralı olarak dönen daha fazla itibar kazanır. Bana göre tanrı mümkün olan en yüksek onura ulaşmasını istediği insanlara ne zaman yiğitçe ve cesurca bir iş yapma olanağı tanısa ve bu iş için yaşamlarında biraz zorluk çekmek zorunda bıraksa, onlardan lütfunu da esirgemez. Fırtınada kaptanı, savaş meydanında askeri tanırsın. Nereden bileyim yoksulluk karşısına ne tür bir ruh haliyle çıkacağını, zenginlik içinde yüzüyorsan eğer? Rezalete, kötü şöhrete ve toplumun nefretine karşı ne ölçüde bir dayanıklılığın var, nereden bileyim, eğer alkışlar içinde yaşlanıyorsan, eğer zaptolunmaz ve bütün insanların yüreğini sana bağlayan bir sevgi sürekli peşinden geliyorsa? Hayat verdiğin çoluk çocuğun her zaman yanındaysa, yokluklarına serinkanlılıkla katlanabileceğini nereden bileyim? Seni başkalarını teselli ederken dinledim, ama kendi kendini teselli etmiş ve kendine kederlenmeyi yasaklamış olsaydın, ancak o zaman dikkatimi çekerdin. Sizden rica ediyorum, ölümsüz

immortales velut stimulos admovent animis: calamitas virtutis occasio est. Illos merito quis dixerit miseros qui nimia felicitate torpescunt, quos velut in mari lento tranquillitas iners detinet; quicquid illis inciderit, novum veniet.

7 Magis urgent saeva inexpertos, grave est tenerae cervici iugum. Ad suspicionem vulneris tiro pallescit, audacter veteranus cruorem suum spectat, qui scit se saepe vicisse post sanguinem. Hos itaque deus quos probat, quos amat, indurat, recognoscit, exercet; eos autem quibus indulgere videtur, quibus parcere, molles venturis malis servat. Erratis enim, si quem iudicatis exceptum. Veniet et ad illum diu felicem sua portio; quisquis videtur dimissus esse, dilatus est.

8 Quare deus optimum quemque aut mala valitudine aut luctu aut aliis incommodis afficit? Quia in castris quoque periculosa fortissimis imperantur; dux lectissimos mittit, qui nocturnis hostes aggrediantur insidiis aut explorent iter aut praesidium loco deiciant. Nemo eorum qui exeunt dicit:

tanrıların ruhlarınızı adeta mahmuzlayıp canlandırdığı bu olaylardan dehşete kapılmayın! Felaket erdemin sergilenme fırsatıdır. Aşırı mutluluk yüzünden duyarsızlaşanlara, sakin bir denizdeymiş gibi atıl bir ruh dinginliğinin pençesine düşenlere haklı olarak bahtsız insanlar diyebilirsin, çünkü başlarına ne gelse bir yenilik olarak gelecektir.

7   Acımasız talih deneyimsiz insanları daha fazla ezer, narin bir boyun için boyunduruk ağır gelir. Yaralanma endişesi karşısında acemi askerin beti benzi atar, deneyimli asker ise kendi kanına cüretle bakar, çünkü kanı aktıktan sonra zafer kazanacağını çok iyi bilir. Bu yüzden tanrı, değer bulduğu ve sevdiği insanları sertleştirir, sınar, terbiye eder; öte yandan lütufta bulunuyormuş ve esirgiyormuş gibi göründüğü insanları zayıflatıp gelecek kötülüklere direnemeyecek hale getirir. Çünkü herhangi bir insanın esirgendiğini düşünürsen yanılırsın; çoktandır mutlu olan o insan da payına düşeni alacaktır; her kim bundan azat

8   edilmiş gibi görünürse, onunki ertelenmiştir.[36] Niçin tanrı iyi insana hastalık, keder ya da başka sıkıntılar verir? Ordugâhta tehlikeli görevler en cesurlara verilir de ondan; komutan, geceleyin tuzak kurup düşmanlara saldırsınlar, yolu tetkik etsinler ya da bir garnizonu yerle bir etsinler diye en seçkin askerlerini göreve yollar. Bu göreve gidenlerin hiçbiri

"Male de me imperator meruit," sed "bene iudicavit." Item dicant quicumque iubentur pati timidis ignavisque flebilia: "Digni visi sumus deo in quibus experiretur quantum humana natura posset pati."

9 Fugite delicias, fugite enervantem felicitatem, qua animi permadescunt et nisi aliquid intervenit quod humanae sortis admoneat, manent velut perpetua ebrietate sopiti. Quem specularia semper ab afflatu vindicaverunt, cuius pedes inter fomenta subinde mutata tepuerunt, cuius cenationes subditus et parietibus
10 circumfusus calor temperavit, hunc levis aura non sine periculo stringet. Cum omnia quae excesserunt modum noceant, periculosissima felicitatis intemperantia est: movet cerebrum, in vanas mentes imagines evocat, multum inter falsum ac verum mediae caliginis fundit. Quidni satius sit perpetuam infelicitatem advocata virtute sustinere quam infinitis atque immodicis bonis rumpi? Lenior ieiunio mors est, cruditate dissiliunt.

11 Hanc itaque rationem dii sequuntur in bonis viris quam in discipulis suis praeceptores, qui plus laboris ab is exigunt, in quibus certior spes est. Numquid tu invisos esse Lacedaemoniis liberos suos credis, quorum experiuntur indolem publice verberibus admotis?

"Komutan bana kötü davrandı," demez, tersine "Bana iltifatta bulundu," der. Aynı şekilde korkakların ve zayıfların ağlayıp sızlandığı olaylara katlanması emredilen her insan şöyle demeli: "İnsan doğasının nelere katlanabileceğini sınamak için tanrı lütfedip bizi seçti."

9 Aşırılıktan kaçının, takatinizi kesen mutluluktan kaçının; ruh bunlarla pelteleşir ve kendisine insani durumunu anımsatan bir olay olmadıkça da[37] adeta sonsuz bir sarhoşluk içinde öylece uyuşup kalır. Rüzgârın esintisinden pencerelerle korunan, ikide bir yenilenen sargılarla ayakları sürekli sıcacık tutulan, yemek salonları döşeme altından geçip duvarların etrafına yayılan sıcak havayla ısıtılan

10 insan hafif bir meltem esse hasta olur. Ölçüyü aşan her şey zararlıdır, ama en tehlikelisi ölçüsüz mutluluktur: Beyni uyarır, akla boş hayaller çağırır, yanlış ile doğru arasına kalın bir sis perdesi çeker. Sınırsız ve ölçüsüz iyiliklerle patlamaktansa, erdemi yardıma çağırıp sonsuz bahtsızlığa katlanmak daha uygun olmaz mı? Açlıktan gelen ölüm pek acı vermez, oburluktan gelirse insan çatlar.

11 Tanrılar iyi insanlara, öğretmenlerin öğrencilerine davrandığı gibi davranır; ümit vaat edenlerden daha fazla gayret bekler. Evlatlarını ortalık yerde kamçılayıp ruhlarındaki azmi sınayan Lakedaimonialıların[38] onlardan nefret ettiğine mi inanıyorsun?

Ipsi illos patres adhortantur, ut ictus flagellorum fortiter perferant, et laceros ac semianimes rogant, perseverent vulnera praebere
12 vulneribus. Quid mirum, si dure generosos spiritus deus temptat? Numquam virtutis molle documentum est. Verberat nos et lacerat fortuna; patiamur! Non est saevitia, certamen est, quod quo saepius adierimus, fortiores erimus. Solidissima corporis pars est quam frequens usus agitavit. Praebendi fortunae sumus, ut contra illam ab ipsa duremur; paulatim nos sibi pares faciet, contemptum
13 periculorum adsiduitas periclitandi dabit. Sic sunt nauticis corpora ferendo mari dura, agricolis manus tritae, ad excutienda tela militares lacerti valent, agilia sunt membra cursoribus; id in quoque solidissimum est quod exercuit. Ad contemnendam patientiam malorum animus patientia pervenit; quae quid in nobis efficere possit scies, si aspexeris quantum na-
14 tionibus nudis et inopia fortioribus labor praestet. Omnes considera gentes in quibus Romana pax desinit, Germanos dico et quicquid circa Histrum vagarum gentium occursat.

Babalar evlatlarını kamçı darbelerine cesurca dayanmaya teşvik eder, paramparça olup yarı ölü hale geldiklerinde bile yaralı bedenlerini
12 yeni yaralara sunmalarını ister. Tanrı soylu ruhları sert biçimde sınıyorsa bunda şaşılacak ne var? Erdemin kanıtı asla kolay olmaz. Talih bizi kamçılar ve vurarak ezer; dayanalım! Bu vahşet değil, mücadeledir; bu mücadeleyle ne kadar sık karşılaşırsak o kadar cesur oluruz. Sürekli kullanılarak canlandırılan uzuv bedenin en sağlam kısmıdır. Talihe kendimizi sunmalıyız ki, bizi kendisine karşı dayanaklı hale getirsin; o bizi adım adım kendi seviyesine eriştirir, bizi tehlikeyle içli dışlı
13 kılarak sonunda tehlikeyi küçümsememize yol açar. Gemicilerin de bedeni denize dayanarak sertleşir, çiftçilerin elleri çalışarak nasır tutar, askerlerin kasları kargılar savurarak güçlenir, atletin bacakları koşarak çevikleşir; her birinin bedenindeki en sağlam kısım sürekli çalışandır. Ruh kötülüklere göğüs gererek sonunda onlara göğüs germeyi bile küçümseyecek hale gelir; şu yoksul, ama yoksulluğundan ötürü sapasağlam olan halkların ne çileler çektiğini düşünecek olursan, işte ancak o za-
14 man zorlukların bizi nasıl güçlendireceğini anlarsın. Roma uygarlığından yoksun olan bütün kavimleri bir düşün,[39] örneğin Germaniahlıları, Tuna boyunca yerleşmiş ve sürekli bize saldırıp duran bütün göçebe kavimleri.

Perpetua illos hiemps, triste caelum premit, maligne solum sterile sustentat; imbrem culmo aut fronde defendunt, super durata glacie stagna persultant, in alimentum feras captant. Miseri tibi videntur? Nihil miserum est quod in naturam consuetudo perduxit; paulatim enim voluptati sunt quae necessitate coeperunt. Nulla illis domicilia nullaeque sedes sunt nisi quas lassitudo in diem posuit; vilis et hic quaerendus manu victus, horrenda iniquitas caeli, intecta corpora; hoc quod tibi calamitas videtur tot gentium vita est! Quid miraris bonos viros, ut confirmentur, concuti? Non est arbor solida nec fortis nisi in quam frequens ventus incursat; ipsa enim vexatione constringitur et radices certius figit; fragiles sunt quae in aprica valle creverunt. Pro ipsis ergo bonis viris est, ut esse interriti possint, multum inter formidolosa versari et aequo animo ferre quae non sunt mala nisi male sustinenti.

5. Adice nunc, quod pro omnibus est optimum quemque, ut ita dicam, militare et edere operas. Hoc est propositum deo quod sapienti

Sonsuz bir kış ve kasvetli bir gökyüzü ezer onları, çorak toprak besinini esirger; sazlarla, dallarla yağmurdan korunurlar, kaskatı buz kesmiş bataklıklarda dolanırlar, beslenmek için vahşi hayvanları avlarlar. Şimdi bütün bu kavimlerin zavallı olduğunu mu sanıyorsun? Doğaya uygun yaşantıyı alışkanlık edinen hiçbir şey zavallı olamaz;[40] çünkü ilk başta zorunlulukla yapılan şeyler yavaş yavaş zevk vermeye başlar. Bu kavimlerin gün içinde yorulup da dinlendikleri yerler dışında ne yatacak yerleri var, ne evleri; elleriyle bulup çıkardıkları yiyecekleri eften püften, iklim desen korkunç sert, bedenleri çırılçıplak; sana felaketmiş gibi görünen bu durum bunca halkın yaşamıdır! İyi insanların sağlamlaşmaları için silkelenmelerine ne diye şaşırıyorsun? Hiç dinmeden esen rüzgârın hışmına uğramadıkça ağaç köklü ve güçlü olmaz; sarsıldıkça sıkıca tutunur, köklerini sapasağlam toprağa gömer; güneşli vadilerde büyüyen ağaçlar ömürsüz olur. Demek ki sürekli sıkıntılarla didişip durmak ve kötü olarak adlandırılmadıkça asla kötü olmayan olaylara sabırla katlanmak iyi insanların yararınadır; çünkü ancak böyle korkusuzca bir yaşam sürebilirler.

5. Şimdi şunu da bir düşün; en iyi insanların asker olması, daha doğrusu hizmet etmesi insanlığın yararınadır. Tanrının ve bilge bir

viro, ostendere haec quae vulgus appetit, quae reformidat, nec bona esse nec mala; apparebit autem bona esse, si illa non nisi bonis viris

2 tribuerit, et mala esse, si tantum malis irrogaverit. Detestabilis erit caecitas, si nemo oculos perdiderit, nisi cui eruendi sunt; itaque careant luce Appius et Metellus. Non sunt divitiae bonum; itaque habeat illas et Elius leno, ut homines pecuniam, cum in templis consecraverint, videant et in fornice. Nullo modo magis potest deus concupita traducere, quam si illa ad turpissimos defert, ab optimis abigit.

3 "At iniquum est virum bonum debilitari aut configi aut alligari, malos integris corporibus solutos ac delicatos incedere." Quid porro? Non est iniquum fortes viros arma sumere et in castris pernoctare et pro vallo obligatis stare vulneribus, interim in urbe securos esse praecisos et professos inpudicitiam? Quid porro? Non est iniquum nobilissimas virgines ad sacra facienda noctibus excitari, altissimo somno

4 inquinatas frui? Labor optimos citat. Senatus

insanın amacı, sıradan insanın heveslendiği ya da korkup kaçındığı şeylerin aslında ne iyi ne de kötü olduğunu, iyinin sadece iyi insana teslim edilince iyi olacağını, kötünün sa-
2 dece kötü insana yüklenince kötü olacağını göstermektir. Gözlerinin oyulmasını hak eden kişi dışında hiç kimse gözlerinden olmuyorsa, körlük lanet edilecek bir durum olmaktan çıkar; öyleyse bırakın Appius[41] ve Metellus[42] gün ışığından mahrum olsun. Zenginlik iyi değildir; öyleyse bırak ona muhabbet tellalı Elius sahip olsun ki, insanlar tapınaklarda kutsal kıldıkları paralarını genelevde de görebilsin. Tanrı heves edilen şeyleri en aşağılık insanlara verip en iyileri yoksun bırakarak bunları öyle güzel gözden düşürür ki.
3 Ama şöyle diyeceksin: "İyilerin sakatlanması, yaralanması, prangalara vurulması, buna karşın kötülerin sapasağlam gövdeleriyle salına salına, azametle yürümeleri haksızlıktır." Ne yani? Cesur adamların eline silah alması haksızlık değil mi, ordugâhta gecelemesi, yaralarını sarıp sarmalayıp yeniden istihkâmın önüne dikilmesi, öte yandan soysuzların ve usta çapkınların şehirde özgürce yaşaması? Ne yani? Haksızlık değil mi, en soylu bakirelerin[43] gece gece dinsel törenler düzenlesinler diye uykularından uyandırılması, günaha batmışlarınsa derin uykuların tadını çıkarması?
4 Eziyet en iyileri göreve çağırır. Senato gün

per totum diem saepe consulitur, cum illo tempore vilissimus quisque aut in campo otium suum oblectet aut in popina lateat aut tempus in aliquo circulo terat. Idem in hac magna re publica fit; boni viri laborant, impendunt, impenduntur et volentes quidem; non trahuntur a fortuna, sequuntur illam et aequant gradus.
5 Si scissent, antecessissent. Hanc quoque animosam Demetri fortissimi viri vocem audisse me memini: "Hoc unum," inquit, "de vobis, di immortales, queri possum, quod non ante mihi notam voluntatem vestram fecistis; prior enim ad ista venissem, ad quae nunc vocatus adsum. Vultis liberos sumere? vobis illos sustuli. Vultis aliquam partem corporis? sumite; non magnam rem promitto, cito totum relinquam. Vultis spiritum? quidni? nullam moram faciam, quo minus recipiatis quod dedistis. A volente feretis
6 quicquid petieritis. Quid ergo est? Maluissem offerre quam tradere. Quid opus fuit auferre? Accipere potuistis; sed ne nunc quidem auferetis, quia nihil eripitur nisi retinenti."

boyunca toplanıp karar alır, oysa aynı saatlerde ciğeri beş para etmezler yarış meydanlarında eğlenmeye bakar, aşevlerinde pusuya yatar, bir araya üşüşüp vakit öldürür. Şu büyük ülkemizde de bu işler böyle yürür; iyi insanlar çalışıp didinirler, fedakârlık ederler, feda edilirler, ama seve seve, gönülden; talihin ardından sürüklenmezler, peşinden giderler ve sonunda ona ayak uydururlar. Yolu bilselerdi öne geçerlerdi. Çok cesur bir adam olan Demetrius'un[44] şu güçlü sözünü de işittiğimi anımsıyorum: "Ölümsüz tanrılar, sizinle ilgili bir tek şu şikâyetim olabilir, istediğiniz şeyi bana önceden bildirmediniz; çünkü şimdi çağrılıp da geldiğim konuma daha önce gelebilirdim. Evlatlarımı mı almak istiyorsunuz? Zaten onlara sizin için babalık etmiştim. Bedenimden bir parça mı istiyorsunuz? Alın; size verdiğim öyle büyük bir parça değil, çok geçmeden bütününü teslim edeceğim. Canımı mı istiyorsunuz? Neden olmasın? Verdiğinizi alırken size asla engel olmayacağım. Benden dilediğiniz her şeyi özgür irademle alacaksınız. Derdim ne o zaman? Teslim etmektense sunmayı yeğlerdim. Zorla alıp götürmenize ne gerek vardı? Alabilirdiniz; ama şimdi bile zorla alıp götüremeyeceksiniz, çünkü karşı koymadan sunan birinden hiçbir şey zorla alınmaz."

Nihil cogor, nihil patior invitus nec servio deo sed assentior, eo quidem magis, quod scio omnia certa et in aeternum dicta lege decurrere. Fata nos ducunt et quantum cuique temporis restat prima nascentium hora disposuit. Causa pendet ex causa, privata ac publica longus ordo rerum trahit. Ideo fortiter omne patiendum est, quia non, ut putamus, incidunt cuncta sed ueniunt. Olim constitutum est quid gaudeas, quid fleas, et quamvis magna videatur varietate singulorum vita distingui, summa in unum venit; accipimus peritura perituri. Quid itaque indignamur? Quid querimur? Ad hoc parti sumus. Utatur ut vult suis natura corporibus; nos laeti ad omnia et fortes cogitemus nihil perire de nostro.

Quid est boni viri? Praebere se fato. Grande solacium est cum universo rapi; quicquid est quod nos sic vivere, sic mori iussit, eadem necessitate et deos alligat. Irrevocabilis humana pariter ac divina cursus vehit. Ille ipse omnium conditor et rector scripsit quidem fata, sed sequitur; semper paret, semel iussit. "Quare

Hiçbir şekilde baskı altında değilim, istemeden hiçbir şeye katlanmıyorum, tanrıya kölelik etmiyorum, onun takipçisiyim, üstelik şimdi daha da fazla; çünkü her şeyin kesin ve sonsuza hükmeden bir yasaya bağlı olduğunu biliyorum. Alınyazımız bize kılavuzluk eder, her birimize ne kadar ömür biçildiği doğduğumuz an bellidir. Sebep sebebe bağlıdır; özel olsun, toplumsal olsun her iş upuzun bir olaylar zincirinin halkasıdır. Bu yüzden her şeye cesurca katlanmalıyız; çünkü sandığımız gibi her şey bir anda olmaz, sıra sıra gelir. Neye sevineceğin, neye üzüleceğin önceden bellidir; her insanın yaşantısı birbirinden çok farklı olsa da sonu birdir; gelip geçici olan bizler gelip geçici şeyleri üstleniriz. O halde ne diye hiddetleniyoruz? Neden şikâyet ediyoruz? Biz böyle yaratıldık. Bırakalım doğa kendi bedenlerini istediği gibi kullansın;⁴⁵ her şeye karşı güler yüzlü ve cesur olalım, bizim olan hiçbir şeyin bozulmayacağını bilelim.

O halde iyi insana düşen görev nedir? Kendini kadere sunmak. Bütüne karışıp gitmek büyük tesellidir; bizim böyle yaşamamızı, böyle ölmemizi emreden her neyse, buna tanrılar da aynı zorunlulukla bağlıdır. Değişmez bir akış insanı da, tanrıları da katar önüne. O bütün varlıkların yaratıcısı ve yöneticisi alınyazısını kendisi yazmıştır, ama o bile buyazgının peşinden gider; bir kez buyurmuştur, her zaman itaat eder.⁴⁶ Şöyle soracaksın: "Ama

tamen deus tam iniquus in distributione fati fuit, ut bonis viris paupertatem et vulnera et acerba funera ascriberet?" Non potest artifex mutare materiam; hoc passa est. Quaedam separari a quibusdam non possunt, cohaerent, individua sunt. Languida ingenia et in somnum itura aut in vigiliam somno simillimam inertibus nectuntur elementis; ut efficiatur vir cum cura dicendus, fortiore fato opus est. Non erit illi planum iter; sursum oportet ac deorsum eat, fluctuetur ac navigium in turbido regat. Contra fortunam illi tenendus est cursus; multa accident dura, aspera, sed quae molliat et complanet ipse. Ignis aurum probat, miseria fortes viros. Vide quam alte escendere debeat virtus; scies illi non per secura vadendum:

> *Ardua prima via est et quam vix mane recentes*
> *enituntur equi: medio est altissima caelo,*
> *unde mare et terras ipsi mihi saepe videre*
> *sit timor et pavida trepidet formidine pectus.*
> *ultima prona via est et eget moderamine certo;*
> *tunc etiam quae me subiectis excipit undis,*
> *ne ferar in praeceps, Tethys solet ima vereri.*

tanrı yazgının dağıtımında iyi insanlara yoksulluk, yara bere, acı bir ölüm belirlerken niçin bu kadar adaletsiz davranmıştır?" Sanatkâr hamuru değiştiremez; yasa böyle. Bazı öğeleri bazı öğelerden ayıramazsın, birbirine sıkıca tutunmuştur bunlar, bölemezsin. Yorgun, uykuya meyilli ya da bir tür uykuyu andıran uyanıklılık içinde olan doğalar atıl öğelerden oluşmuştur; adından saygıyla söz edilecek bir insan yaratmak için daha sert bir hamur gerekir. Bu insanın yolu düz olmayacaktır; yukarı ve aşağı gidip gelmeli, savrulmalı, gemisine fırtınalarda hâkim olmalı. Bu insan talihin karşısında rotasını kaybetmemelidir; önüne kaba, dikenli bir sürü yol çıkacaktır, ama o bunları yumuşatmalı, pürüzsüz kılmalıdır. Altın ateşle, mert insan kötü yazgıyla anlaşılır. Şimdi gör bak erdem ne kadar yükseğe tırmanmalı; yürüyeceği yolların güvenli olmadığını anlayacaksın:[47]

Başlangıçta yol sarptır, güç bela tırmanır küheylanlarım,
henüz dinç olsalar bile, sabahın erken saatinde;
çok daha diktir göğün orta yeri,
buradan denizi ve karayı seyretmek her zaman ürkütür beni,
huşu içinde tir tir titrer yüreğim.
Yokuş aşağı iner yolun sonu, sağlam bir kılavuz gerekir;
dalgalarını gerip beni kucaklarken bile derin Tethys[48]
baş aşağı yuvarlanmamdan hep çekinir.

11 Haec cum audisset ille generosus adulescens: "Placet," inquit, "via; escendo. Est tanti per ista ire casuro." Non desinit acrem animum metu territare:

> *Utque viam teneas nulloque errore traharis,*
> *per tamen adversi gradieris cornua tauri*
> *Haemoniosque arcus violentique ora leonis.*

Post haec ait: "Iunge datos currus! His quibus deterreri me putas incitor. Libet illic stare ubi ipse Sol trepidat." Humilis et inertis est tuta sectari; per alta virtus it.

1 6. "Quare tamen bonis viris patitur aliquid mali deus fieri?" Ille vero non patitur. Omnia mala ab illis removit, scelera et flagitia et cogitationes improbas et avida consilia et libidinem caecam et alieno imminentem avaritiam; ipsos tuetur ac vindicat: numquid hoc quoque aliquis a deo exigit, ut bonorum virorum etiam
2 sarcinas servet? Remittunt ipsi hanc deo curam: externa contemnunt. Democritus divitias proiecit onus illas bonae mentis existimans.

11 Bu sözleri işitince o soylu genç[49] şöyle der: "Bu yolu sevdim; tırmanacağım. Düşsem bile önemli olan bu yolda yürümüş olmam." Ama diğeri[50] o cüretkâr yüreğe korku salmaya devam eder:

Yolu tutup hiç hatasız sürsen bile arabanı,
geçmek zorundasın yine de kızgın boğanın
boynuzlarından,
Haemonialıların yaylarından, vahşi aslanın
ağzından.[51]

Bu sözlere karşılık genç adam şöyle der: "Bana verdiğin atlara koşum tak! Bu söylediklerin beni korkutacağına daha çok heveslendiriyor. Güneşin bile tir tir titrediği o yere çıkmak için sabırsızlanıyorum." Güvenli bir yol acizlere, korkaklara göredir; erdem yükseklerden gider.

1 6. "Ama tanrı niçin iyi insanların başına kötülük gelmesine izin verir?" O sahiden buna izin vermez. Bütün kötülükleri iyilerden uzak tutar, günahları, rezillikleri, zalim düşünceleri, açgözlü tasarıları, kör şehveti, başkasının malına göz diken doymazlığı da; iyileri korur, kollar; tanrıdan iyi insanların bohçalarını da korumasını isteyen biri olabilir mi acaba? Hayır,
2 iyi insan tanrıyı bu zahmetten kurtarır, çünkü arızi olan şeylere önem vermez. Demokritos[52] erdemli bir zihnin yükü olarak gördüğünden zenginlikle bütün bağlarını koparmıştır.

Quid ergo miraris, si id deus bono viro accidere patitur quod vir bonus aliquando vult sibi accidere? Filios amittunt viri boni; quidni, cum aliquando et occidant? In exilium mittuntur; quidni, cum aliquando ipsi patriam non repetituri relinquant? Occiduntur; quidni, cum aliquando ipsi sibi manus afferant?

3   Quare quaedam dura patiuntur? Ut alios pati doceant; nati sunt in exemplar. Puta itaque deum dicere: "Quid habetis quod de me queri possitis, vos, quibus recta placuerunt? Aliis bona falsa circumdedi et animos inanes velut longo fallacique somnio lusi. Auro illos et argento et ebore adornavi, intus boni nihil est. Isti quos pro felicibus aspicis, si non qua occurrunt sed qua latent videris, miseri sunt, sordidi, turpes, ad similitudinem parietum suorum extrinsecus culti; non est ista solida et sincera felicitas; crusta est et quidem tenuis. Itaque dum illis licet stare et ad arbitrium suum ostendi, nitent et imponunt; cum aliquid incidit quod disturbet ac detegat, tunc apparet quantum

TANRISAL ÖNGÖRÜ | 81

O halde iyi insanın zaman zaman başına gelmesini dilediği bir şeyi tanrı ona nasip ediyorsa, bunda şaşıracak ne var? İyi insanlar oğullarını yitiriyor; neden olmasın, bazen kendileri öldürmüyor mu? Sürgüne gönderiliyorlar; neden olmasın, bazen kendileri bir daha geri dönmemek üzere vatanlarını terk etmiyor mu? Katlediliyorlar; neden olmasın, bazen kendi canlarına kıymıyorlar mı?

3   Niçin birtakım zorluklara katlanmak zorundalar? Başkalarına katlanmayı öğretsinler diye; onlar örnek insan olarak doğmuştur. Farzet tanrı şöyle diyor: "Dürüstlüğü seçmiş olan sizler, benden şikâyet etmenizi gerektiren haklı bir nedeniniz olabilir mi? Diğerlerine sahte iyilikler verdim, aylak zihinlerini upuzun ve sahte bir düşteymiş gibi kandırdım. Altınla donattım kendilerini, gümüşle, fildi-
4 şiyle; hiçbirinin özünde iyilik yok. Şanslı insanlar olarak gördüklerini, sana göründükleri gibi değil de yüreklerinde sakladıklarıyla bir görebilsen, o zaman anlardın ne zavallı, ne iğrenç, ne aşağılık yaratıklar olduklarını; evlerinin duvarları gibi dışları boyalıdır aslında; bu sağlam ve hakiki mutluluk değildir asla; kabuktur, üstelik incecik bir kabuk. Bu yüzden ayakta durabildikleri ve kendilerini istedikleri şekilde gösterdikleri sürece parıldarlar ve bizi kandırırlar, ama kendilerini rahatsız edici bir durum ortaya çıkıp da örtü kalktığında,

5 altae ac verae foeditatis alienus splendor absconderit. Vobis dedi bona certa, mansura, quanto magis versaverit aliquis et undique inspexerit, meliora maioraque: permisi vobis metuenda contemnere, cupiditates fastidire; non fulgetis extrinsecus, bona vestra introrsus obversa sunt. Sic mundus exteriora contempsit spectaculo sui laetus. Intus omne posui bonum; non egere felicitate felicitas vestra est.

6 'At multa incidunt tristia, horrenda, dura toleratu.' Quia non poteram vos istis subducere, animos vestros adversus omnia armavi; ferte fortiter. Hoc est quo deum antecedatis; ille extra patientiam malorum est, vos supra patientiam. Contemnite paupertatem; nemo tam pauper vivit quam natus est. Contemnite dolorem; aut solvetur aut solvet. Contemnite mortem; quae vos aut finit aut transfert. Contemnite for-
7 tunam; nullum illi telum quo feriret animum dedi. Ante omnia cavi, ne quid vos teneret invitos; patet exitus. Si pugnare non vultis, licet fugere. Ideo ex omnibus rebus quas esse vobis necessarias volui nihil feci facilius quam mori.

5 o yapay ihtişamlarının altında ne derin, ne saf bir bozulmuşluk yattığını anlarsın. Oysa sizlere kalıcı ve sağlam iyilikler verdim; nereye döndürürseniz döndürün, nereden bakarsanız bakın, daha iyi, daha yüce görünürler. Sizi dehşete salan olayları küçümsemenizi sağladım, ihtiraslarınızı aşağılamanızı. Dıştan parıldamıyorsunuz, iyilikleriniz içinize yöneltilmiştir. Kendi görüntüsünü seyretmekten haz alan evren bile dışsal olanları küçümser. İçinize her türlü iyilik yerleştirdim; şansa gerek duymamanız sizin şansınızdır.

6 'Ama başımıza birçok üzücü, korkunç ve dayanması zor olay geliyor.' Sizi onlardan alıkoyamadığım için zihinlerinizi her şeye karşı silahlandırdım; cesurca dayanın. Bu özelliğinizle tanrıdan üstün olursunuz, çünkü tanrı kötülüklere katlanmanın ötesindedir, sizse üstünde. Yoksulluğu aşağılayın; kimse doğduğu anki kadar yoksul yaşayamaz. Acıyı aşağılayın; ya ferahlayacaktır ya da sizi ferahlatacaktır. Ölümü aşağılayın; sizi ya sona ulaştırır ya da başka bir yere taşır. Talihi aşağılayın; ona ru-
7 hunuza saplayacağı bir mızrak vermedim. Her şeyden öte, siz istemedikçe hiçbir şeyin sizi ele geçirmemesine özen gösterdim; çıkış yolu açıktır. Dövüşmek istemiyorsanız kaçıp gidebilirsiniz. Sizin için zorunlu olmasını istediğim olaylar içinde bir tek ölümü kolay kıldım.

Prono animam loco posui; trahitur, adtendite modo et videbitis quam brevis ad libertatem et quam expedita ducat via. Non tam longas in exitu vobis quam intrantibus moras posui; alioqui magnum in vos regnum fortuna tenuisset, si homo tam tarde moreretur quam nascitur. Omne tempus, omnis vos locus doceat quam facile sit renuntiare naturae et munus illi suum impingere; inter ipsa altaria et sollemnes sacrificantium ritus, dum optatur vita, mortem condiscite. Corpora opima taurorum exiguo concidunt vulnere et magnarum virium animalia humanae manus ictus impellit; tenui ferro commissura cervicis abrumpitur, et cum articulus ille qui caput collumque committit incisus est, tanta illa moles corruit. Non in alto latet spiritus nec utique ferro eruendus est; non sunt vulnere penitus impresso scrutanda praecordia: in proximo mors est. Non certum ad hos ictus destinavi locum; quacumque vis pervium est. Ipsum illud quod vocatur mori, quo anima discedit a corpore, brevius est quam ut sentiri tanta velocitas possit. Sive fauces nodus elisit, sive spiramentum aqua praeclusit, sive in caput lapsos subiacentis soli duritia comminuit, sive haustus ignis cursum animae remeantis interscidit; quicquid est, properat. Ecquid erubescitis? Quod tam cito fit, timetis diu!"

Ruhunuzu bir bayıra yerleştirdim; aşağıya çekilirken sadece dikkat edin, özgürlüğe giden yolun ne kadar kısa, ne kadar kolay olduğunu göreceksiniz. Yaşamdan çıkışa, girdiğinizdeki kadar sıkıcı fasılalar koymadım, yoksa insan doğduğu kadar yavaş ölseydi talih sizin üzerinizde ne büyük bir hâkimiyet kurardı. Bırakın her mevsim, her yer size doğayı terk etmenin, verdiği armağanı fırlatıp atmanın[53] ne kolay olduğunu öğretsin; sunaklarda, kutsal kurban törenleri sırasında yaşam için dua ederken ölümü iyi öğrenin. Boğaların o yağlı gövdeleri ufacık yara alsa ölür, insan eliyle bir vurdu mu güçlü mü güçlü nice yaratığı yapıştırır yere; küçücük bir bıçakla kesilir boyun eklemi, başı boyna bağlayan bu eklem kesilince de o devasa kütle çöküverir olduğu yere. Yaşam derinlerde gizlenmez, bıçakla oyup çıkarmanıza gerek yok; gerek yok yaşamsal organları bulmak için derin yaralar açmaya. Ölüm hemen elinize geliverir. Son vuruş için kesin bir yer belirlemedim gövdelerde; nereye isterseniz vurun, yol açıktır. Ölmek dediğimiz olay ruhun bedenden ayrılmasıdır, o kadar kısadır ki, hızını hissetmezsin bile. Ya bir düğüm gırtlağı sıkar, ya su nefesi tıkar; baş aşağı düşer biri, çarpınca sert toprağa parçalanır gider; soluk alıp verirken bir duman yutarsın, canından olursun; nasıl gelirse gelir ölüm, ama hızla gelir. Utançtan yüzünüz kızarmıyor mu? Bu kadar çabuk olan bir olaydan onca zamandır korkuyorsunuz!"

NOTLAR

1 *Tanrısal öngörü* ana konu; *tanrısal öngörü olduğu halde iyi insanların kötülüklerle karşılaşması* sorunu ise bu ana konunun bir parçasıdır. Seneca tümelden tikel bir sorunu ele alıp işleyeceğini belirtiyor.
2 Seneca kaleme aldığı bu eserin konusunun tanrıların varlığını kanıtlamak olmadığını vurgular. Ama yine de tanrıların varlığını kanıtlayıcı birtakım doğa olaylarından söz açar. Bu, hitabet sanatında *occultatio* (Yun. *apophasis*) tekniğinin güzel bir örneğidir.
3 Yani evrenin.
4 Belirli bir düzen içinde.
5 Dostluk konusunda ayrıntılı bilgi için bkz. Dürüşken (çev.) 2005.
6 Tanrı bir vergi tahsildarı gibi insanlardan erdem toplar.
7 Ruhun bir savaşçı edasıyla dimdik duruşundan ve olacak olaylara kendi biçimini vermesinden söz ediliyor.
8 Iuppiter (Diuspater, Diuspiter, Diespiter: Gökyüzünün Babası; Zeus): Yunan ve Roma mitolojisinin en büyük tanrısı.
9 M. Porcius Cato (Genç Cato): Pompeius'un dava arkadaşı. Caesar'ın Thapsus zaferinin ardından (İÖ 46) Utica'da intihar eder. Bu yüzden kendisine *Uticensis* (Uticalı) lakabı verilmiştir. Cumhuriyet yanlısı olan Cato, Caesar'ın *dictator*luk isteğine her zaman karşı çıkmış ve ilkeleri uğruna tek başına da olsa onunla mücadele etmekten geri durmamıştır. Ayrıca bütün yaşamı boyunca bir Stoa filozofu gibi yaşamıştır. Seneca onun ölüm biçiminden övgüyle

söz eder. Cato'nun sonunu hazırlayan olaylar şöyledir: Caesar, senatonun hükümranlığını sonlardırmak için İÖ 49-45 yıllarını mücadelelerle geçirmek zorunda kalmıştır. *Senator*lar, Caesar'ın düşmanı Pompeius'u askeri kuvvetlerin başına geçirmiş, ama kendi aralarında çıkan tatsız olaylar sonucunda bir türlü anlaşıp Roma'yı hakkınca savunamamışlardır. Caesar muhteşem bir zafer kazandıktan sonra Pompeius'un yanında savaşanların çoğuna birçok unvan bahşetmiş, ama bir tek Cato'yu egemenliği altına alamamıştır. Cato, Caesar'ın korkutucu gücüne rağmen, ülküsü doğrultusunda canla başla devletini savunmaya gayret göstermiş; Pompeius'un ölümünden sonra bile mücadelesine Afrika'da devam etmiştir. Caesar Roma'daki tüm sorunları halledip bir düzen oluşturduktan sonra deniz yoluyla Afrika'ya hareket eder. Bu dönemde Cato Utica'yı korumaktadır. Arkadaşları Caesar'ın gelişinden dehşete kapılsalar da, Cato bunu serinkanlılıkla karşılar. Caesar'ın parlak bir zafer kazanmasının ardından Utica'daki Roma soylularının çoğu kaçmaya karar verir. Hatta Cato onlara kaçmaları için para ve gemi bile sağlar. Kendisi ise birkaç arkadaşıyla Utica'da kalmayı tercih eder. Arkadaşları Cato'nun Caesar'a karşı savaşacağını öğrenince silahları onun bulamayacağı bir yere gizler. Bunun üzerine Cato gece yarısı güvendiği bir köleden silahını ister ve intihar eder. İşte Seneca, vatanını tek bir adamın yetkesine bırakmak istemeyen Cato'nun bu onurlu davranışını över ve onun başkasından ölümü istemeyecek kadar yüce gönüllü olduğunu belirtir. Cato'nun büyük bir ruh dinginliği içindeki intihar girişimi ancak Stoacı bir filozofa yakışan bir harekettir. Üstelik ömrünün son gecesinde ölümü düşüneceğine, yine Stoacı ahlak ilkelerine uygun olarak kendini çalışmalarına vermiş ve ölüme kayıtsızlığını tanıtlamıştır. Hatta aldığı ilk darbeyle ölmemiş ve yarasını sarmak için gelen hekimi geri çevirmiştir. Seneca bu davranışın tanrılar tarafından övgüye değer bulunduğunu ve Cato'nun cesaretini gösterme süresinin uzatıldığını, erdeminin yeni, ama bir o kadar da dehşet verici bir ölümle yeniden sınandığını belirtir (Seneca, *Epistulae*, 71.8; 95.69-71; 24.7).

10 Petreius: İç savaşta Pompeius'un yanında çarpışmış Romalı komutan. Iuba: Numidia kralı Hiempsal'ın oğlu, Pompeius'un destekçisi. Taraftarlarının yenildiğini görünce birbirlerini öldürmeyi yeğlemişlerdir (Seneca, *Epistulae*, 24.7).

11 Hercules: Yunan'ın Herakles'i; Iuppiter ile Alcmena'nın oğlu, Boiotialıların ulusal kahramanı; Eurystheus'un kendisine yüklediği on iki zorlu görevi başarıyla tamamlayan kahraman; Musaların önderi. Romalılar "Hercules adına" ya da "Hercules aşkına" anlamına gelen *Hercules, Hercule* ya da *Hercle, mehercules* veya *mehercule* diye ant içerlerdi.

12 Stoacı ahlak öğretisine göre tutkular insan aklını bozan ve doğruluktan ayıran unsurlardır. Aklın olduğu yerde tutkular barınamaz (Seneca, *Epistulae*, 85.12-13).

13 Caligula döneminde Roma'da felsefe eğitimi veren Kinik filozof.

14 Sözü edilen kişiler, Seneca'nın tanrı-insan ilişkilerindeki düşüncelerinin canlı kanıtlarıdır.

15 İÖ 6. yüzyıl sonlarında yaşamış olan Romalı kahraman. Yaptığı hatanın bedelini ödemek için sağ elini korların üstüne koyup yakmış, bu yüzden Scaevola (Solak) takma adını almıştır: Roma'nın son kralı olan Tarquinius Superbus yaptığı haksızlar sonucunda Roma'dan sürülür. Ama çok geçmeden Etrüsk komutanı Porsenna'nın yardımını alarak büyük bir askeri kuvvetle geri gelir. Ama Mucius gizlice düşmanın ordugâhını kurduğu nehir kıyısına yaklaşır ve Porsenna'ya saldırır. Ama Mucius Porsenna'yı tanımamaktadır, bu yüzden Porsenna diye yanın-

daki yazıcısını öldürür ve Etrüskler tarafından yakalanır. Porsenna ona kendisini niçin öldürmek istediğini sorunca, "Romalıyım, ne merhamet isterim ne de ölümden korkarım!" diye yanıt verir ve sağ elini yanında durduğu sunağın üzerine koyar. Ateşler elini yakarken, haykırarak üçyüz Romalının hızla ordugâha ilerlediklerini ve ne ateşlerden ne de Porsenna'dan korktuklarını söyler. Bunun ardından ordugâhı basan Romalı askerler tarafından kurtarılır. Seneca'ya göre Scaevola da Cato gibi güç ve yetki açısından kendisinden çok üstün bir kişiye karşı durabilmiş ve onur mücadelesi verebilmiştir. Yenildiğini anladığı anda elini ateşe koyup kendi kendisini cezalandırması bunun kanıtıdır (Seneca, *Epistulae*, 24.6; 66.52).

16 Gaius Fabricius Luscinus: İÖ 282-278 yıllarında *consul*, 275 yılında *censor*. Epirus kralı Pyrrhus'la yapılan savaşın kahramanı olarak bilinir. Pyrrhus değişik zamanlarda Romalılarla kıyasıya çarpışmış, ama kesin bir başarı elde edememiştir. İÖ 280 yılında düzenlediği ilk saldırısını 25.000 kişilik bir ordu ve 20 fille gerçekleştirmiş ve Romalıları Heraclea'da bozguna uğratmış, ama kayda değer bir başarı elde edememiştir. İşte Fabricius bu savaşta Pyrrhus'la şiddetli bir mücadeleye girişir. Saldırıları püskürtmekle kalmaz, aynı zamanda Thurii'yi Sabini kuşatmasından kurtarır, Bruttiumluları, Lucanialıları, Samniumluları ve Tarentumluları yenerek zafer kazanır. Bu başarılarından ötürü Fabricius'un kişiliği Roma erdemlerinin ana örneği olur. Anlatılan öykülerde yoksulluk, sadelik ve dürüstlük özellikleri ön plana çıkartılarak övülür. Fabricius onurlu yaşamında, kazandığı zaferlerden dolayı asla hırsa kapılmamış, önüne çıkan büyük fırsatları elinin tersiyle itmiş, paraya pula önem vermemiştir. Stoa felsefesinin öğütlediği doğaya uygun yaşama ve sade bir yaşam sürme ilkelerini kendisine düstur edinmiştir (Seneca, *Epistulae*, 120.6; 98.13).

17 Rufus Publius Rutilius (İÖ 154-y. 78): Panaetius'un yanında felsefe eğitimi görmüş ve tüm yaşamı boyunca devletinin ilkeleri doğrultusunda hareket etmiştir. Askeri eğitim alanına getirdiği yeni düzenlemelerle tanınmış ve Numidia Savaşı'na katılmıştır. Asya'da Atlıların haksız vergi ödemelerini önlemeye çalıştığı için bazı çevrelerin düşmanlığını kazanmış ve zimmetine para geçirmekle suçlanarak sürgüne yollanmıştır. Daha sonra Sulla tarafından geri çağrıldığı halde zamanın Roma'sında yaşanan acımasız olayları yakından bildiğinden geri dönmemiştir. Kendisini sürgünde güvence altına almayı Roma'da yaşamaya tercih etmiştir. Sulla, Marius'tan daha serinkanlı ve dolayısıyla daha tehlikeli bir yöneticidir, cellatlık işinde de çok başarılıdır. Çıkardığı yasayla anayasa koyma yetkisini de eline geçirmiş, Marius ve yandaşlarını Roma'dan sürmüştür. Döneminde yaşanan dehşet verici olaylarda beş bin kişi yaşamını yitirmiştir. İÖ 82 Kasımında kendini *Felix* (Mutlu, Şanslı) ilan ederek kutsallaştırmıştır. İşte Rutilius, bütün devlet yetkilerini haksızca eline geçiren bu adamın çağrısına sessiz kalmış ve Roma'ya dönüp idam seyretmektense, sürgünde kalmayı daha soylu bir hareket olarak değerlendirmiştir (Seneca, *Epistulae*, 24.4).

18 Sonradan gelecek kuşak her zaman onları yargılayacağından yaşamları boyunca kendilerini savunmak zorunda kalacaklardır.

19 Hükümet krizi yaşandığında, ani karar alıp gerginliği düzeltmesi için senato tarafından belirli bir süre için atanan mutlak hâkim. *Dictator* genellikle altı aylığına ya da kriz süresince seçilirdi, ama Sulla ve Caesar bu kuralı bozmuş ve ömür boyu mutlak hâkimiyete sahip olmak istemişlerdir. *Dictator*luk Caesar'ın ölümünden sonra (İÖ 44) son bulmuştur.

20 *Sulla'nın çağının*: Sulla'nın saltanat sürdüğü çağa alaycı bir betimleme.

21 Servilius Gölü kente içme suyu sağlayan bir göldü. Sulla zamanında, öldürülen mahkûmların kafalarının sergilendiği bir yer haline geldi.
22 Roma devletinin iki büyük memurundan biri; İÖ 365 yılına kadar soylu sınıftaki kişiler (*patricii*) arasından seçilirken, bu dönemden itibaren halktan (*plebes*) kişiler arasından da seçilmeye başlanmıştır.
23 Sulla'dan söz ediliyor. *Lex Cornelia de sicariis et veneficis*: Sulla zamanında çıkarılan ve cinayet işleyene ağır cezalar öngören yasa. Bu yasaya rağmen Sulla'nın kendisi büyük cinayetler işlemiştir.
24 Kartaca Savaşları sırasında *consul* olarak görev almış devlet adamı. Yaşamında katlandığı olaylarla Roma'da sabır örneği olarak gösterilir: Roma, İtalya topraklarına egemen olduktan sonra, güçlü bir ticari donanmaya sahip olan Kartaca'yla yüzyüze gelmiş ve kıyasıya savaşlar yaşamak zorunda kalmıştır. O dönemde *consul* olan Regulus, Romalıların Sicilya'da savaştığı sırada askerleriyle Afrika'ya gider. Ama orada Kartacalılara yenilir ve esir düşer. Kartacalıların amacı Roma'yla anlaşma yoluna gitmektir. Bu yüzden Regulus'u elçi olarak Roma'ya gönderirler. Regulus Roma'ya geldiğinde vatandaşlarına Kartacalıların bu isteğini belirtir, ama Roma'nın bu isteği kabul etmesi durumunda büyük bir zafer umudunu kaybedeceğini de ekler ve bu konuda onları uyarır. Regulus'un uyarısını dinleyen Romalılar anlaşmayı, dolayısıyla barışı reddederler. Regulus'u koruma altına almak isterler, ama Regulus Kartacalılara söz verdiğini ve geri dönmek zorunda olduğunu belirtir, yani bile bile ölüme gider. Sonunda Kartaca'ya döner ve düşmana teslim olur. Kartacalılar görevinde başarısız olduğu için onu öldürürler, hem de insanlık dışı işkencelerle. Regulus'un yaşamı, Stoa felsefesinin ahlak anlayışına örnektir (Seneca, *Epistulae*, 67.7; 71.17; 108.12).

25 Regulus gözkapakları kesildiği için ebedi bir uykusuzluğa mahkûmdur.
26 Augustus'un kültür danışmanı (İÖ y. 70-8). Seneca'ya göre, Roma'nın sayılı zenginlerinden Maecenas'ın zevk ve mutluluk dolu yaşamı çoğu insanın hayalini kurduğu bir yaşamdır. Oysa bu tür mutluluk sahte ve yanıltıcıdır (Seneca, *Epistulae*, 114.4-7).
27 Maecenas'ın kaprisli ve huysuz karısı.
28 Ünlü Yunan filozofu (İÖ 470-399). Toplumda kabul edilen gelenekler ve görenekler üzerinde düşünüp tartışan, onları olduğu gibi kabul etmeyip sorgulayan ve insanların mantıksız düşüncelerini amansızca eleştiren Sokrates, Seneca'nın Yunan tarihinden seçtiği insan örneğidir. Sokrates ne zengin giyimli sofistlere ne de devlet yönetiminde görev alan düşünürlere benzemektedir. Gençlere sorduğu sorularla bireysel düşünmeyi aşılayan tavrı, toplumun düzenini değiştirmeye yönelik düşünceleri nedeniyle ölüme mahkûm edilmiştir. Ama o ölümü bile sıradan bir olay olarak görmüş ve kendisini kurtarmak isteyenlere karşı çıkmıştır. Sokrates'in ahlaki görüşleri, özellikle "bütün erdemlerin bilgiye dayandığı" düşüncesi ve "kendi kendini tanıma" ilkesi Stoa felsefesini ve Seneca'yı derinden etkilemiştir. Seneca onun ölüme mahkûm edildiğinde gösterdiği yüce gönüllülüğe ve kayıtsızlığa hayrandır. Sokrates'in ölümcül zehri içerken hiç acı çekmediğine, inandığı değerler uğruna öldüğü için kutsandığına inanmaktadır. Ölümü onun gibi rahatça karşılamak, ancak kendi ruhuyla barışık, yüce bir insanın işidir (Cicero, *Pro Cluentio*, 14).
29 Gnaeus Pompeius Magnus (İÖ 106-48): Caesar ve Crassus'la birlikte ilk *triumvir*liği kuran Romalı komutan. İÖ 49'da Caesar'a yenilmiştir.
30 Marcus Licinius Crassus Dives (İÖ y. 112-53): Pompeius ve Caesar'la birlikte ilk *triumvir*liği kuran Romalı devlet adamı.

31 Publius Vatinius: Cumhuriyetin son yıllarında yaşamış ve Cicero'nun şiddetli eleştirilerine maruz kalmış bir maceraperest.
32 Stoacılara göre evrende doğal bir zorunluluk vardır. Bu doğal zorunluluk sonucunda, iyinin olması için kötünün de olması gereklidir (Arnold 1958: 209).
33 Adeta üçüncü bir *consul* gibi hizmet eden, ama *consul*ların bir mevki aşağısında yer alan ve yıllık olarak seçilen kişi. Askerlere buyurma yetkisine sahiptir ve hukuktan sorumludur.
34 Romalı bir gladyatör.
35 Tiberius bu tür eğlencelere katılmazdı (Suetonius, *Tiberius*, 47).
36 Stoa felsefesine göre zayıf ruhlu kişinin başına hiçbir felaket gelmemiş olabilir, ama bunun bedelini o kişinin yakınları ödemek zorundadır. Sonuçta kötü yazgıdan kurtuluş yoktur (Arnold 1958: 206).
37 Ölüm anımsatılıyor.
38 Spartalılar.
39 Roma ordusu ve yasalarının barışa kavuşturduğu dünyanın dışında kalan kavimlerden söz ediliyor ve metnin devamında bu kavimlerin yabanıl yaşamları ve alışkanlıkları gözler önüne seriliyor.
40 Doğaya uygun yaşamak (*secundam naturam vivere*) en önemli Stoacı ilkedir.
41 Roma'da ünlü bir yol olan Via Appia'yı yaptırmakla ün kazanan Romalı *consul*.
42 İÖ 241'de Vesta Tapınağı'nın *palladium*unu kurtarmaya çalışırken kör olan *consul*.
43 Vesta rahibeleri.
44 Phalerumlu Demetrius (İÖ y. 350-283): Atinalı devlet adamı ve felsefeci.
45 İnsan doğanın bir parçasıdır.
46 Stoacılar tanrıyı her şeyi bilen ve her şeye gücü yeten (*omnipotens*) olarak düşünmezler; tanrının sınırları doğal yasayla belirlenmiştir.
47 Seneca burada Ovidius'un *Metamorphoses* adlı

eserinden iki pasaj (2.63; 2.79) almış ve insan yaşamının zorluklarını bu dizelerle anlatmaya çalışmıştır. Burada konuşan güneş tanrısı Phoebus'tur. Phaethon cüret edip babasının arabasını kullanmak isteyince, babası bu isteğinin bedelinin ağır olacağını, hiç ummadığı olaylarla karşılaşabileceğini anlatıp onu uyarır. Ama Phaethon kararında ısrarlıdır.

48 Tethys: Oceanus'un kızkardeşi ve eşi, deniz tanrıçası.

49 Phaethon.

50 Yani oğlu için duyduğu endişeyi dile getiren Phoebus.

51 Burada burçlar kuşağından söz ediliyor: *Kızgın Boğa (Taurus)*: Boğa takımyıldızı, Boğa burcu; *Haemonialıların (Thessalialıların) Yayları*: Sagittarius (Nişancı) takımyıldızı, Yay burcu; *Vahşi Aslan (Leo)*: Aslan takımyıldızı, Aslan burcu.

52 Ünlü Abderalı atomcu filozof (İÖ 460-457). Teoloji ve astroloji üzerine yoğunlaşmış, Mısır'a gidip geometri öğrenmiştir (Diogenes Laertius, 9.41).

53 Yani ölmenin.

KAYNAKÇA

Arnold, E. V. (1958). *Roman Stoicism,* London: Routledge & Kegan Paul.

Basore, J. W. (tr.) (1963). *Seneca. Moral Essays, vol. 1: De Providentia. De Consantia. De Ira. De Clementia,* Loeb Classical Library, Cambridge: Harvard University Press.

Basore, J. W. (tr.) (1965). *Seneca. Moral Essays, vol. 2: De Consolatione ad Marciam. De Vita Beata. De Otio. De Tranquillitate Animi. De Brevitate Vitae. De Consolatione ad Polybium. De Consolatione ad Helviam,* Loeb Classical Library, Cambridge: Harvard University Press.

Bréhier, É. (1965). *The History of Philosophy, vol. 2: The Hellenistic and Roman Age,* W. Baskin (tr.), Chicago: University of Chicago Press.

Dereli, H. (çev.) (1944). *Tacitus. Germania,* Ankara: Maarif Matbaası.

Dürüşken, Ç. (çev.) (2005). *Cicero. De Amicitia: Dostluk Üzerine,* İstanbul: Homer Kitabevi.

Gummere, R. M. (tr.) (1961-62). *Seneca. Epistulae Morales I, II, III,* Loeb Classical Library, Cambridge: Harvard University Press.

Hicks, R. D. (tr.) (1965). *Diogenes Laertius. Lives of Eminent Philosophers,* Loeb Classical Library, Cambridge: Harvard University Press.

Hutchinson, G. O. (1993). *Latin Litrature from Seneca to Juvenal: A Critical Study*, Oxford: Clarendon Press.

Mengüşoğlu, T. (1971). *Felsefi Antropoloji*, İstanbul: Edebiyat Fakültesi Matbaası.

Paksüt, F. (1971). *Seneca'da Ahlâk Görüşü - Zevk Anlayışı*, Ankara: Ulusal Basımevi.

Perrin, B. (tr.) (1965). *Plutarch. Lives*, Loeb Classical Library, Cambridge: Harvard University Press.

Rackham, H. (tr.) (1962). *Cicero. De Fato*, Loeb Classical Library, Cambridge: Harvard University Press.

Rackham, H. (tr.) (1962). *Cicero. De Natura Deorum*, Loeb Classical Library, Cambridge: Harvard University Press.

Ragazzini, V. (1963). *Seneca. Dialoghi (De Providentia - De Ira)*, Bologna: Zanichelli.

Rolfe, J. C. (tr.) (1961). *Suetonius. Lives of the Caesars*, Loeb Classical Library, Cambridge: Harvard University Press.

Scarre, C. (1995). *Chronicle of the Roman Emperors*, London: Thames & Hudson.

Sena, C. (1978). *Tanrı Anlayışı*, İstanbul: Remzi Kitabevi.

Timuçin, A. (1994). *Felsefe Sözlüğü*, İstanbul: BDS Yayınları.

Waltz, R. (tr.) (1950). *Sénèque. Dialogues*, Paris: Les Belles Lettres.

Zeller, E. (1962). *The Stoics, Epicureans and Sceptics*, O. J. Reichel (tr.), New York: Russell & Russell.

DİZİN

Appius 70

Caesar 43, 57, 59
Cato 42, 43, 45, 49, 57
Cornelia Yasası 53
Crassus 57

Demetrius 47, 73

Elius 70, 71

Fabricius 49, 50

Germanialılar 67

Iuba 42, 43
Iuppiter 42

Lakedaimonialılar 65
Lucilius 31

Maecenas 53, 55
Metellus 70
Mucius 48, 49

Petreius 42, 43
Pompeius 57
Pyrrhus 51

Regulus 53, 55
Roma 51, 67
Romalı(lar) 53
Rutilius 49, 50, 51

Servilius Gölü 53
Sokrates 49, 55
Sulla 51, 52, 53

Tiberius Caesar 59
Tuna 67